找出藏在傷害裡的**好處**，修復千瘡百孔的心

解除束縛你的禁止令

大鶴和江——著
楊鈺儀——譯

前言　只要察覺到「利益」，就能擺脫人生的兩難

每個人多少都有些煩惱或問題。

若自己不是「好孩子」「好人」就會感到不安。

雖然有想做的事，卻遲遲無法做出行動。

無法拒絕討厭的請託。

習慣拖延。

想說的話說不出口。

對於獲得幸福有罪惡感。

他人常為了自身利益而利用自己。

不論做什麼都覺得自己很沒用。

不認輸。

即便一開始認真努力，之後還是半途而廢了。

面對相同情況時，身體動不了或是說出不出話來。

以上種種「想停止卻停不了」「雖然知道卻做不到」「不知道為什麼，但就是會重複發生」的問題，你是否也曾經歷過呢？

相信許多人都為了解決、改善問題而不斷努力嘗試各種方法。

可是情況卻一直沒有改善。

不僅如此，隨著時間的經過，問題還愈來愈嚴重……。

陷入這樣動彈不得的狀況中時，許多人或是自責，或是詛咒運氣不好。

其實，會有這些煩惱與問題，原因幾乎都出在童年時期與父母間的關係上，所以必然會發生這些事。

因此，若是不知道恰當的解決方法，光是「埋頭努力」，是無法解決這些問題的。

對此，我深有感觸。對許多諮商者進行治療與諮商後，我想出了「正確的解決方法」。其中重要的就是，**聚焦在「利益」上**。

這個「利益」和「禁止令」在人們內心深處糾結在了一起，束縛住了心靈與身體，導致產生出煩惱與問題，並使之愈來愈難解決。

因此，我們必須解開糾纏在一起的「禁止令」與「利益」。

先稍微說一下我自己的故事。

我現在是針對人際關係的問題以及精神疾病等個案進行諮商，並持續在全日本傳播自己原創的心理治療觀念以及治療手法。

因為雙親離婚以及母親生病，我的童年時期是在兒童保護機構度過的，而這成了我的創傷。我在機構中是問題兒童，總被多數職員斥責。在二十多歲時對社會及他人充滿不信任感，人際關係上的煩惱也有增無減，總是對自己的人生充滿疑問，但也正因為我認真專注地面對自己的內心，我的心靈出現了變化。

之後我以處理心理問題的工作創業，在處理、解決問題時，研究起了能解決問題的人，以及讓問題變得愈漸難解的人之間的差異性。

從這些經驗中，我開發並確立了**有即效性，而且能從根本上解決問題的原創性療法**（復原精神療法）。

那麼，說起能從根本上解決煩惱與問題的「正確解決法」到底是怎樣一種方法呢？那就是我先前說過的，透過關注問題點的「利益」，即能找到解決法。

在說明「利益」前，首先來看一下「禁止令」。

「禁止令」是幼童時期從與雙親相關的事項中學到並養成的習慣，是關於生存方式的「禁止規則」，可說是問題的根本。

例如有個想向母親撒嬌的女孩一直被告知：「妳是姐姐，所以要忍耐。」那麼，她長大成人後，就會害怕被拒絕，因而無法去依賴誰或向誰撒嬌，學會了「不可以依賴人或向人撒嬌」這樣的認知。這就是禁止令。

「利益」則是指「一直懷抱著問題所能得到的好處」。

如先前提到的女性情況，她獲得的利益就是透過不依賴人、不向人撒嬌，「就不會因被拒絕而受傷」，也「因為很努力而能獲得好評」。

該名女性同時擁有禁止令與利益，被兩種心情所束縛，分別是「其實想撒嬌、想依賴某人，但不可以撒嬌（禁止令）」以及「只要不向某人撒嬌、不依賴某人，就不會受傷，還會獲得周遭的好評（利益）」。被這兩種矛盾心情所束縛的狀態就稱為「Double bind（雙重束縛）」，會讓解決問題變得更為複雜。

不解決問題是因為有問題才有「利益」

只要像這樣解讀位在煩惱（無法向他人撒嬌）背後的心情與情感，就會知道自己為什麼無法做出那樣的行動，以及在其中有獲得什麼樣的利益。換句話說，若不這樣做，就無法理解自己所感受到的恐懼（禁止令）以及好處（利益）。

因為從沒想到「懷抱問題有利可得」，就會一直拖著不去解決。

問問自己：「我所懷抱的問題背後有何好處？」

只要這樣做，就能加速解決心懷的煩惱與問題。

這就是解決問題的第一步。

因此，本書除了會告訴大家所謂「禁止令」「利益」「雙重束縛」的機制，也會舉具體事例來解說能用以解決問題的練習。

其中應該會有與你所懷問題不太相關的例子。

不過，不論是懷抱怎樣煩惱與問題的人，只要擁有「我能改變自己的人生」這樣堅強的意志，真誠地面對自己，大多都能獲得自己期望的「憧憬人生」。

希望這本書多少能解決你的煩惱與問題，讓你活出更自由的人生。

大鶴和江

目錄

前言　只要察覺到「利益」，就能擺脫人生的兩難——3

第一章　為什麼會重複發生同樣的煩惱與問題呢？

為什麼「想改變卻變不了」？　14
對獲得幸福有罪惡感，因而放棄結婚的女性　18
「拋棄雙親的恐懼」以及「被拋棄的恐懼」　21
不解決問題是因為其中有好處　23
兩個利益：「逃開．避開……」「可以獲得……」　26
藏在「無法說出想說的話」背後的真相　29
努力過頭「不能輸」的女性　32
故意做出令人討厭的行為，希望別人認為「自己很沒用」的男性　37
「利益」的背後有著「禁止令」　42

限制人生的各種「禁止令」 47
成為讓自己成長的糧食 50

第二章

在無意識中停止人生的雙重束縛

矛盾的訊息引致了混亂 54
若活出自我，自己就會死？ 58
愈是靠近，被拋棄的恐懼感就愈強烈 62
可以自由選擇，但是…… 67
若是一直有矛盾的兩種想法，情況會變成怎樣？ 71
想離開卻又離不開的依附關係 74
無法自己做決定的男性 80
雙重束縛是各種問題的根源 83
只要解開一側的束縛，就能解決問題嗎？ 85
想解決的是更深層的問題 88

第二章

解決問題所必須的是什麼？

大腦本能地會想避開疼痛與不愉快 92
能解決問題的，不是其他人，也不是治療師 95
從了解問題的根本原因開始吧 97
暴飲暴食的真正原因 100
不結束掉未完結的童年記憶，就無法解決問題 102
總是喜歡上廢柴的女性 106
只要改變感覺與情感，行動自然會改變 109
為什麼想做卻也不想做？ 111
盡可能將情感與感覺化為言語 113
不了解自己——來自依戀障礙的依賴 115
培育心靈羈絆的重要性 119
無法抑制對孩子感到煩躁的女性 122
讓自戀的傷回復吧 126

第四章

解除「禁止令」，改變人生的方法

為什麼解決問題時順序很重要？ 134

為了了解自己、察覺自我，就要「語言化」 140

糾結為什麼重要？ 143

「冒險的勇氣」與「克服困難的勇氣」 148

只要自我否定，就無法感受到幸福 152

在自己心中培育安心與安全感 159

自我否定感很強的女性 167

要解除人生的禁止令，就要推翻前提 170

增加人生中感受到幸福的時間 176

結語　答案要往自己的內心求，要主動尋求解決 179

第一章

為什麼會重複發生同樣的煩惱與問題呢？

為什麼「想改變卻變不了」？

我在解決個案的心理問題期間，有許多諮商者都說自己從我這裡學到了很多沒寫在心理學教科書上的「人的真實心理」。

其中，我一直都在研究的主題是：「更具即效性且能從根本解決問題的方法」。在這個想法中，關鍵點就是我首次稍微接觸到的「利益」。

「利益」表示得利、獲得好處，本書中則是指「因問題而獲得的好處」。

也就是說，「人的內心雖想著要解決問題，但也有著若是解決了（那個問題）會感到困擾」的一面。

因此，有問題雖有討厭的一面（壞處），但因為同時存在著想要維持問題以獲得利益（好處）的一面，所以內心才會有糾葛。

「禁止令」（這也是首次提及的概念）即是阻礙人們解決問題的原因之一。

所謂的「禁止令」是人們從雙親等養育者相關人士身上所學到類似有關生存方式的**「禁止規定」**，像是「不可以做……」「不要做……」所有人在無意識中都會學到。

而利益與禁止令會相互起作用，讓問題複雜化，不斷發出像是以下的訊息，限制我們的行動：

「不要做○○，要是做了那件事，就會遭遇危險喔（禁止令）。不去做○○就能迴避危險獲得安全（利益）（要一直這樣保持下去很辛苦。可是不保持會有危險，所以只能一直保持下去）」

「不可以做……，要是做了就會碰上糟糕的事而受傷喔。」

這是禁止令。

「只要不去做……就不會受傷。」

這是利益。

例如自己主動毀了戀情時可能是因為如下的模式：

「不可以愛人，要是愛了就會受傷。所以要是靠得太近就要遠離。這麼一來就能忍受傷害了。」

就像這樣，大腦會察覺到危險，引導自己主動離開來守護自我。若是這個禁止令與利益以套組的模式運作，愈是與喜歡的人靠近、親密，就愈是會想毀壞這分關係。

於是就會出現一種現象是，現實中雖迎來了「不幸的結局」，但大腦在某種意義上卻認為是守護自己遠離了危險，所以本人也很不可思議地會因為離開對方而感到安心（利益）。

這麼一來，不論怎麼做戀愛都不會順利。

就像這樣，**我們會為了避免遭遇危險、避免受傷而不破壞禁止令，以獲得守**

護自己的利益。

可是**那分利益反過來卻會讓我們在解決心理問題時遭遇困難**。

大腦到死都會忠實地遵守於童年時期烙印下的禁止令。因為那是本能地會守護我們的**防衛功能**。

禁止令在我們童年時期會恰到好處地發揮作用以守護我們不受傷害，因此才形成了禁止令，但長大成人後，儘管已經不再需要了，禁止令仍會自動地持續限制著我們。

為什麼「想改變卻變不了呢？」「愈是想改變就愈是變不了呢？」其中原因就在這裡。

對獲得幸福有罪惡感，因而放棄結婚的女性

以下我要介紹一則事例。

A子小姐居住在東京都內，與母親相依為命的單親家庭。

A子小姐聽從母親的意見考進了難考的大學，母親還支持她進入一流企業任職，最終，她更是聽了母親的勸去相親，並迅速地決定要結婚。

可是就在要舉行婚禮的前幾天，A子小姐突然取消了結婚典禮，拋下了一切。

周遭的人都大為震驚，想要說服她回心轉意，但她卻擺出堅拒的態度，完全不為所動。

她到底發生了什麼事呢？

其實愈是靠近結婚典禮，她心中的某種恐懼就愈是強烈。

那就是「不可以拋下母親一個人只有自己獲得幸福」這種**罪惡感以及自我否定感**。「讓母親孤單一人的自己很糟糕」這種念頭每天都在膨脹著。

這就如同詛咒般，在無意識中成了束縛 A 子小姐的禁止令。

那是「不可以離開母親讓她孤單一人」的禁止令，以及「不可以提出自己的欲求活出自我」的禁止令。

可是母親總對她說：「快點結婚。」催促著女兒結婚，並沒有阻止女兒結婚。

既然如此，她為什還要中止婚禮，回到母親身邊呢？

結婚就是會嫁到別人家去。

也就是說，這代表會留下母親一個人自己嫁出去。

對母女相依為命的她來說，**與母親一條心的感覺（母子關係過於緊密）**很強烈，所以母親的人生就是「自己的人生」。

A子小姐**總是代替父親勸慰、體貼母親，為了讓母親開心而扮演好孩子，回應母親的期待**。

而對母親來說，A子小姐就是**生存的價值**。

此外，**A子小姐也會接受、體貼母親的辛酸痛苦，是個如同父母般的可靠存在**。

因此，若是放下母親一個人，A子小姐就會感受到「讓自己的靈魂碎片孤獨、不幸」的不安。

所以她取消了結婚典禮，回到了自家。

那麼，A子小姐一直這樣下去好嗎？

若是一直這樣下去，她即便是又和某人結婚，總有一天還是會離婚回到母親的身邊吧。

我其實見過很多與這位A子小姐一樣的案例。

「拋棄雙親的恐懼」以及「被拋棄的恐懼」

A子小姐的情況是「想結婚，但若是結婚了會很困擾」，所以無意識地就阻止了自己。

其實在這個「阻止自己（結婚）」的情況中，有兩個好處。

第一個是可以不用去感受到「拋棄雙親的罪惡感」。

一旦結婚，就要離開母親。也就是說，只要不結婚，就不會離開母親，就可以不用感受到「拋棄雙親的罪惡感」。

第二個是，可以不用感受到被對方「拋棄的恐懼」。

因為A子小姐禁止自己活出自我，所以擔心結婚後「若是提出要求會被另一半否定、拋棄」的恐懼感也會增加。

若不結婚，就能不用感受到「被拋棄的恐懼」。

這兩個「不結婚的好處」雖是無意識的，卻一直強烈地束縛著A子小姐的人生，宛如詛咒般……。

若A子小姐一直處在這樣的狀態（想結婚但結了婚反而會有困擾的狀態）下，她還能步入婚姻嗎？

其次，即便擁有了新的伴侶，她也會碰到同樣的狀況吧。

對自己的幸福按下了停止鍵，愈是想要獲得幸福，同時，**也愈會加強力道阻止自己**獲得。

像這樣一直無法前進也無法後退而陷入窘境的情況，我們就稱為**「Double bind（雙重束縛）」**。

這個雙重束縛就是導致人生產生糾結與混亂的原因我會在下一章中再詳述雙重束縛。

不解決問題是因為其中有好處

前面說過，要解決問題，重要的是要留心去覺察「隱藏在問題背後的利益（好處）」。

那麼問題背後的利益（好處）都有些什麼呢？

例如以下舉例就是部分好處。

- 雖然無法暢所欲言，但若不說出口就不會被攻擊。
- 雖然無法停止自我否定地認為「自己做什麼都不行」，但若是自責地認為「自己很沒用，所以只能更加努力」，就能持續努力下去。
- 雖然想離開雙親獨立，但比起工作並忍受討厭的事情，若能窩居在家，父母親就能照顧自己的吃穿住。

- 想結婚，可是若不結婚就能向雙親撒嬌、依賴雙親。
- 總是愛上沒用的男人。可是只要能成為他人的支柱，就能活下去。
- 想停止扮演好人。可是若不扮好人，或許就會被否定。為了逃避恐懼，所以只能一直扮好人。

若是只用「討厭、想避開」來思考這些問題，的確就都只是問題，但若是從利益的觀點來看，就不全都是討厭的事。

雖然的確是處在討厭的現狀中，**但若是能避開些什麼，或是獲得些什麼，就是與「利益」組成套的**。

這到底是為什麼呢？

其實我們**人類大腦的機制是會「避開不愉快的事，為獲得快感而活動」**。內心與身體自然地會去迎向喜歡的東西、想做的事，人類的行動是被身體的感覺與情感所左右的。

例如，有些人雖有想做的事卻不去行動，這是因為他們認為那樣能避免失敗的恐懼這類不愉快的情感，所以才無法去做那些事。

反過來說，為了獲得「避開討厭的事而鬆一口氣」這種愉快感，大腦就會選擇輕鬆的方式，所以這也會使得人們無法做出行動。

最後，雖然想去做，但因為不想負擔行動後的風險，所以就一事無成。

這麼一來，距離解決真正的問題就會很遠。

若是這樣，要解決問題，重要的就不止是要關注「討厭的事」，還必須重視「利益的一面」。

兩個利益：「逃開．避開……」「可以獲得……」

問題是，每個討厭的事情（禁止令）都是與利益為一個套組的，因此此前已經說明過，關注利益這點非常重要。

這個利益大致可以分成兩種。

首先，因為擁有某個問題與煩惱，**就能避開討厭的事、覺得受傷的事**。又或者是，**可以不用去感受到不好的情緒與心情**。

這也稱為「away from」（避開……、遠離……）。

人在碰到會受傷或討厭的事時，避開那些壓力的防衛系統就會本能地運作起來，所以也會遠離真正想獲得的東西。因此，愈是想著「想這樣做。想解決」，事態就愈會往惡化的方向發展。

酒精上癮症就是個好懂的例子。

酒精上癮症是藉由耽溺在酒精中，以避開感受到討厭的情緒或感覺。

因此，不是只要戒掉酒精就能解決問題。首先要找到讓人難過、痛苦、糾結到非得依賴酒精的事情，才是解決的開端。

第二個是所獲得的東西。**有些情況是擁有問題能獲得好處**。

因人而異，那有可能是金錢、棲身之處、衣食住、保命的東西、愛或認可。

最好懂的例子是，有人雖討厭與父母同住，覺得自己也差不多該獨立了，但卻煩惱著總是無法獨立。

仔細詢問了這些人後得知，雖然他們討厭總是得聽從父母指示，但卻能從中得到好處。

除了可以從父母那裡獲得衣食住等生活保障，也不用擔心金錢，每天都可以玩遊戲，不用忍耐工作上的不愉快。還有能從父母那裡獲得零用錢這類型的利益。

一方面雖想要獨立，但跟在父母身邊確實比較輕鬆，也不用負責任。可是被父母叮囑生活習慣時也會覺得厭煩、不工作也會有罪惡感，所以覺得不能這樣一直下去。

如果認真想獨立，應該就算是去打工也會想獨立吧。若是健康的成人，就不會執著於要與父母一起住，應該會盡量往外跑，但沒有真正想獨立的人卻會說自己出不了社會。

不獨立所獲得的利益非常大，在治療中，這個問題經常是癥結點。

結果，人會因為對比了壞處與好處的總量後，用大腦判斷出哪一個對自己來說是有利的、是安心安全的、是輕鬆的。

所以，即便大腦知道只要行動就好，身體卻不會做出行動。

因此，利益的存在是解決問題時不可或缺的要素。

下一頁起，我們要來說明一位女性的案例，她的煩惱是「無法說出想說的話」。

藏在「無法說出想說的話」背後的真相

某位女性非常害怕面對人群。

該名女性只要和人待在一起就會過度緊張，無法把想說的話說出口，甚至常遭人欺負。

她心懷糾葛，一方面覺得：「靠近他人很恐怖。但是若不去接觸，一輩子就會孤立無援，很寂寞。」但另一方面又認為：「與其受到傷害，還不如一個人待著比較輕鬆。」

其實，她從童年時期起就受到母親過分的拒絕、否定以及痛罵——例如「笨蛋」「沒有活著的價值」「去死」——而長大。

孩子會無意識地將從父母那裡聽來的話記在心裡，所以她一直都抱持著「自己沒有被愛的價值，自己很沒用」的否定感長大成人。

想當然爾，因為懷抱著強烈的自我否定感，所以對於她的人際關係來說，就會有不好的影響。

她隱藏自我否定，為了不讓人知道自己沒用，隨時隨地都帶著和善的微笑，不敢說想說的話，總是忍耐著乖乖按照別人說的去做。

結果，想要壓榨她、利用她的人都聚集到她身邊來，就是因為她不敢說「不」。

可是她自己卻沒有發現到這點。

如此一來，她認為「人很可怕，無法信任，人會欺騙、利用我」的信念及成見就更形堅固，愈漸地就更無法靠近人了。

其實像這名女性的例子為數頗多。

因為過去父母種下的自我否定感，導致缺乏安心感、自信以及自我肯定感。

然而本人卻強烈認為：「周遭的人都欺負我、否定我、利用我、壓榨我。」

像這種（雖害怕人卻又想靠近人、親近人）時候，比起本來的「想靠近人。想愛人也想被愛。想與人有聯繫」這種欲求，想著「若是靠近了人，就會被否定、被拒絕、被利用、被壓榨」的恐懼會更為強烈。

因此，「不去靠近就不會被傷害」這個最大的好處（利益）就發動了，最後就陷入愈是想靠近人恐懼就愈形增加的狀態中。

這麼一來，根本就不能解決問題。

就像這樣，**即便問題會帶來壞處**，但因為不敢接近人、不去靠近人所**獲得的好處比較大時，就會產生糾葛**。

許多時候，因為人們無法察覺到有這個「能避開、逃避……」的好處，所以才會更加拖延去解決問題。

這些的利益總量愈大，要解決問題就愈困難。

反過來說，只要減少利益就能盡快解決。

努力過頭「不能輸」的女性

以下我要介紹一位四十五歲女性上班族的例子。

這名女性在東京都的廣告代理店工作，在職場深受周遭人的信賴，工作能幹優秀。

可是對這樣的她來說有一個很大的煩惱。

只要在職場上看到比自己工作更能幹的人，或是工作還過得去但因為長得漂亮就很受歡迎的人時，就會燃起熊熊的嫉妒心，顯現出不想輸給那個人的對抗心，為了想要證明自己的價值而勉強努力。

不僅如此。

據說即便是瑣事，她也討厭自己比對方低人一等，因此會心懷對抗意識，持續與對方競爭。

在她的心中到底發生了什麼事呢？

加油、努力本來是件好事。

可是像她那樣努力過頭的狀態，並不是件什麼好事。因為身心都生病了。她努力的理由是「要證明自己的價值」。這就是她無意識地在心底認為「自己沒有價值」「沒有自信心」的證據。

因此在無意識間壓抑住沒自信時，就會有「必須持續證明自己是比努力的人更有價值的存在」這類強迫感。

那也是為了不去感受到所謂「羞恥的恐怖」，亦即讓人知道自己是沒價值的。那對她來說，是最不想感受到的恐怖感受。

原因就出在她幼年時期的家庭關係上。

她幼年時期的家庭是四人家庭，有著雙親與一位大她兩歲的姐姐。

姐姐從小學起，成績就很優秀，很聽父母的話，長得也很可愛，總之就是很受父母疼愛，常受讚揚的孩子。

與之相對，身為妹妹的自己則比姐姐更退縮多慮，不擅長表達自己的意見，成績也沒比姐姐好，所以無法像姐姐那樣獲得特殊的讚揚。

她深切地感受到雙親愛護姐姐的方式與愛自己的方式有很大不同而感到自卑，不知從何時起就開始想著：「自己就算努力了也不會讓父母感到歡喜。」

就像這樣，她就處在幼年時期自尊心受創與渴望獲得愛卻大受傷害的狀態下長大成人了。而那分影響也開始一一表現在人際關係上。

因為是無意識地，自己也就不會察覺到。

一旦遇見了比自己還優秀的人或是比自己獲得更多利益的人，就會產生敵對心與嫉妒心，過度地想要贏過對方。為了不被人給追上，就會過度努力工作。

由於長期保持競爭意識，她逐漸精疲力盡。

最後，她陷入了憂鬱狀態，於是才察覺到自己內心好像發生了什麼異常的事。她說：「自己為什麼總是要與某人競爭、與什麼奮戰？又是為了什麼而努力的呢？」

她說：「我想停止努力。」

可是另一方面又覺得：「若是不持續努力，自己就會慘輸，像這樣丟臉的自己實在沒有活著的價值。」

若是停止努力，就會感受到幾近無法活下去的恐懼。與其感受到那樣的恐懼，還不如持續努力、持續證明自己的價值。她會這麼想也是理所當然的。

可是若是維持這樣的狀態下去，不僅會把自己搞得精疲力盡，甚至會一輩子都在不停與他人奮戰，讓人生疲憊不堪。

因此她接受了治療，之後，她**不僅停止努力，也一點一滴地開始接受自己深受傷害的內心的黑暗面**。

透過一點一滴承認並接受做不到的自己、丟臉的自己、未獲得滿足的愛情欲求，以及承認欲求，她將船舵切向了療癒的方向，慢慢地做出改變。

至今，她的表情與談吐都變沉穩了，過度努力的情況完全消失，每天都過得很充實。

就像這樣，為了不看到「不想看到的自己」而努力的人其實挺多的。

故意做出令人討厭的行為，希望別人認為「自己很沒用」的男性

下一個例子是「因為沒用的自己而獲益」的男性的故事。

這名男性三十歲，無業，不論做什麼工作都無法長久。如此一來，他的收入當然很少，所以一直都是靠住在鄉下的雙親寄生活補貼，勉強生活。

工作無法長久持續下去是因為經常發生人際關係上的糾紛。於是，我試著深入地與他談話後，得知了以下的事情。

他並非沒有工作能力。

職場上的人們會很親切地教導他、邀他一起用餐、和善地與他相處，所以一開始感覺都很好。

可是，他漸漸習慣工作並與周遭的人開始變親近後，卻總是覺得有種不協調的感覺。

「其實這些人都是看輕、小瞧我吧？」不知道從哪裡就湧出了這樣的懷疑。

如此一來，在工作上只要稍微犯點錯並被指責後，就會覺得職場上的人都在責備自己：「所以說你不行啊。」最終就成了無法區別現實與妄想的被害者意識。

在這期間，他就會想著：「人是不可信的。與人扯上關係是很可怕的。」並且逃避與職場上人們的溝通。

當然，周遭的人對他也會採取小心翼翼的敏感態度，並與他漸行漸遠。

在這期間，某天，當上司指派他工作，他就臆想著上司只有硬推難做的工作給自己：「為什麼只給我難做的工作呢？我才做不來。」堅定地拒絕了工作。

在他腦中，「周圍的所有人都是敵人，會心懷惡意地對待我，想要排擠我！」這樣的想法沸騰著，最後衝破了與現實間的界限。

他就這樣不斷地重複相同的問題，無法繼續待在職場。

因為這樣的事情整年都在重複著，當然就無法長久持續工作。

在他身上所發生的問題，就是「自己沒有價值，是不被需要的人。所以大家都會排擠自己」這種被害者意識太強烈了。

仔細詢問後得知，這個原因就出在他幼年時期的家庭關係上。

他們家是雙親加弟弟以及他的四人家庭，母親很溺愛弟弟，不太理睬身為長子的他。雙親都以「因為你是長子」這樣的理由，以嚴厲的態度對待他。即便他有什麼出色的表現，也絕不會讚揚他。

即便如此，他仍一心持續努力，想著「希望被父母認可」「想要被愛」。

可是，不論他是多乖的孩子，母親都全然不認可他，只是一個勁兒地責怪他沒做到的事。

此外，母親也總是比較疼愛年幼且什麼事都做不好的弟弟。

對他來說，不論有多努力，父母都不會帶著關心看自己一眼，也不愛自己，這樣的感受在他內心不斷增強。

不知不覺間，他便認為：「我是沒人要的孩子，就算不在了也無所謂。」

此後，他就停止努力，做什麼事都半途而廢。雙親只有在這種時候會斥責他：「你到底在幹嘛！也太沒用了！」

「只有被罵的時候（雙親）眼睛才會看我，才會關心我。」

比起自己的存在被忽視，孩子對於雖然被罵了但卻能感受到與父母有連結一事會更高興。這是缺乏愛的孩子所常見的例子。

這樣的感覺在他心中成了「與人建立關連的方法、溝通的方法」而固定下來。

我認為，他將「若『自己是沒用的』，雖會被責罵、否定，但藉此『卻能感受到自己的存在』」這樣的感覺，默認（初期設定狀態）為了是與人溝通的方法。

因此，與人交往時，他會刻意表現得讓對方討厭，結果就是不斷重複營造出自己不得不離開的狀況，以感受到自己是活著的現實感。

我們就稱此為「沒用利益（若表現得很沒用，就可以獲得他人的關心並與他人建立連結關係）」。

沒用利益是在無意識下刻意做出讓自己遭受損失的生活方式，所以很有可能與酒精上癮、藥物上癮、自殘行為、自殺等扯上關係而做出「自我破壞衝動」，這點要注意。

他應該要解決的不是讓人際關係變圓融，而是先要察覺到問題背後有一個大利益，亦即：「若是選擇讓自己遭受損失的生活方式，就能與人建立關係並獲得關心」。

要想漸漸改變這樣的想法、現況，就要透過治療，療癒即便努力了也得不到愛的悲傷與寂寞。

接受治療後，他想死的感覺、認為自己是不被需要的感覺、自暴自棄拋開一切事物的衝動就消失了。他自己對於這結果也很驚訝。

這麼一來，他在工作場上的人際關係變好了，就算自己不是廢柴也能享受與人之間的連結，領受他人的愛與好意。現在，他已與職場上的同事結婚，並過著幸福的人生。

「利益」的背後有著「禁止令」

要追蹤煩惱及問題的源頭，就要回到幼年時期的親子關係。

有的人是無法表達內心的想法，會因為說出口的話被罵、被否定、被拒絕，因為有過這樣的經驗，大腦就會在無意識下發動「不要說想說的話，要是說出口就會受傷喔」這樣的禁止令以守護自身。

禁止令會因為在幼年時期學到與養育者有關的行動、思考方式、情緒反應、感情等不同模式，在長大成人後仍持續受到限制，很像是「詛咒」一般。

莫名地就是無法選擇想做的事或是喜歡的東西，或是明知對自己有好處，卻不知所以地主動停手。之所以會出現這種現象的原因，都是因為與「禁止令」有關，因而讓大腦停下了身體的行動。

雖然大腦想做，身體卻想停下，這樣的糾結狀態完全就是出現了雙重束縛，使人生停了下來。

不可以做……、別做……

我們再試著來稍微詳細地看一下這個禁止令形成的機制吧。

那是由在幼年時期生長環境下聽到的話語、受到怎樣教導而長大所決定的。孩子在幼年時期起從父母那裡學習到「可以做的事」以及「不可以做的事」而長大的。

視不同對象及情況，靈活應用那些「規則」可以起到某些作用，但孩子沒有判斷能力，所以會把對方跟自己說的一切全囫圇吞棗，等長大成人，就會把那些「規則」用在所有情況上。

明明是一定要跟上司說的情況，卻莫名說不出口。

這些事例都是因為在幼年時期有想對父母說的話卻被否定、被拒絕，而在自己身上施加了「不可以說想說的話」這個禁止令的結果。

這是在幼年時期為了獲得父母的保護與安心感所起的作用。

然而，**即便長大成人後已經不再需要這個限制了，如一直在運作至今。**

這個禁止令會成為我們的**「價值觀」「成見」「信念」「前提」**。

任何人身上都有禁止令。禁止令不是單獨作用的，幾乎是與不安或恐懼組成一個套組，在我們的大腦中被寫成了程式。

不可以做……、別做……

若是做了……就會變成是……喔，會很恐怖喔

所以為了守護自己，就不去做……了

腦內訊息會如上述那樣，藉由遵守禁止令，保護自己遠離恐怖的遭遇。這就是所獲得的利益。

因此，「禁止令」並不壞。

「利益」完全就是做為守護我們的防衛系統在運作著。

例如有著「不可以靠近、信賴人」這個禁止令的人，會因為覺得「如果相信了人就會被騙、受傷害」而禁止自己去接近人。

因此，就會與「就算靠近了人也別相信對方，這麼一來就不會受傷了」這個「利益」相連結起來守護自己。

亦即我們可以想成，**「禁止令」與「利益」是一個套組**。

那麼，若只想解除禁止令又該怎麼做呢？

試著去解除前述「即便靠近了人也別相信對方」這個禁止令，想像一下會發生什麼事？

若是靠近並相信了人，或許會受傷，於是就會出現不安或恐懼的情緒，然後就來個急煞車，對吧？

因此，若只想要解除禁止令，問題會反彈，而且還會強化問題。

為了能不感受到禁止令，就要明確知曉什麼是「利益」，所以無視利益的存在是無法解決問題的。

限制人生的各種「禁止令」

那麼接下來就來看一下，具體來說有哪些禁止令。

例如有以下這些。

- 不可以表現出自己的欲求與情緒

（若是表現出來，就會感受到被否定、被拒絕、被拋棄的恐懼）

- 不可以比雙親還幸福

（若比雙親還幸福，就會覺得自己拋棄了不幸的可憐雙親而有罪惡感）

- 不可以離開雙親

（要是離開了，就會變孤獨而感受到活不下去的恐懼）

- 不可以成長、成為大人，非得要維持孩子的模樣不可

（若是成長、成為大人，就不會被愛，會被拋棄）

- 不可以靠近人

（若是靠近了人，就會受傷）

- 不可以失敗或做錯事

（要是弄錯或失敗了，就會被否定、被輕視而覺得丟臉、沒有價值）

- 不可以輸給別人

（要是承認了比別人差，就活不下去。感受到會丟臉的恐懼，對自己感到絕望）

- 不可以用自己的大腦思考

（若是自由思考，就會感受到孤獨的恐懼。接受別人的支配，停止大腦活動比較輕鬆）

- 不可以活出自己的人生

（要是表現出自我風格、活出自我，就會被拋棄而活不下去）

- 不可以用自己本來的性別處世

（若是接受、認可自己的性別，就得變成是沒價值的廢材而活）

- 不可以相信人

（若是相信了人，就會被背叛而受傷）

- 不可以相信愛或有所依戀

（若是相信愛，就會被背叛而受傷）

這些都只是部分的例子，各位應該能理解「禁止令」與「利益」是像這樣，以一個套組的模式在限制著自己的人生。

此外，這些禁止令與成長環境的因素有很大關係，會受到環境（國家、宗教、習慣、行為模式、雙親以及手足）及被怎樣撫養長大，和受到怎樣的對待而有各式各樣的種類。

要解開這些禁止令，重要的是思考「利益」。

只要從套組的角度思考一下黏附在討厭事情背後的「利益」，就容易整理好問題。而且最重要的是，本人的覺察會增強，總是無法解決問題的原因會變得很清楚。**「利益」就是解決問題的捷徑。**

成為讓自己成長的糧食

之前說明過，要解決問題與煩惱，解決利益的問題是捷徑。

任誰都會有利益。正因為有利益，才會有情感活動甚至做出行動。人本能地就會有「喜歡」「高興」「開心」等情感活動，正因如此，才會做出行動，獲得結果。

例如說著「想結婚」的人，是因為想像著透過結婚可以獲得「喜悅與開心的事」才想要結婚。

能和愛的人一直在一起，和孩子們一起快樂過日子，所有家人都帶著笑圍坐餐桌，有很多人都會描繪這樣的想像吧。

想獲得幸福的感覺而選擇結婚，並非只是想要舉行結婚典禮的儀式而已。其中正因為有「想獲得的東西」「想獲得的感覺」，我們才會為了要獲得描繪的理想而做出行動。

這可以說跟解決煩惱、問題是一樣的。

只要在那問題中糾纏有利益，人生就無法往前推進，會在不知不覺中認為：「我的人生就這樣了」而放棄。這可是非常可惜的。

要把人生往前推進，就要獲得屬於自己的生活方式，放下來自利益的糾葛，重新檢視自己的人生。

為此，就要先察覺到潛藏在你心底深處「利益（好處）」的真面目。知道了放下那利益的方法，就能獲得克服糾結的人生。

第二章

在無意識中停止人生的雙重束縛

矛盾的訊息引致了混亂

之前說明過，要解決煩惱與問題，就必須要關注問題帶來的「利益」。

可是在無意識中還有一道阻礙的障壁在阻擋我們解決問題。

那就是**「雙重束縛」**。

所謂的雙重束縛又被稱為「雙重限制」，指透過丟出兩個矛盾的訊息，施加壓力給對方的狀態。

雙重束縛的概念是由英國精神病學家葛雷戈里・貝特森（Gregory Bateson）所提出。

簡單來說就是「前進一步是地獄，後退一步也是地獄」「前有虎，後有狼」等，「不論選哪條路，都是充滿荊棘而滯礙難行」，這完全就是在指雙重束縛。

這個雙重束縛是在包括親子關係、朋友關係、戀愛、結婚、職場的人際關係中等引致混亂的根源。

例如母親叫孩子「過來」時，孩子會很開心地靠近。孩子想抓住靠近的母親的手時，母親卻拒絕地說：「髒手不要碰我，一邊去。」

或許母親的雙手都拿滿了東西，但孩子是被叫著「過來」而靠近的。若以「骯髒」來拒絕孩子，孩子就會受傷。

這麼一來，孩子就有可能接收到如下的訊息。

「被叫了『過來』後不過去會被罵，但去了又會被拒絕。兩個行動都只會傷害到自己。既然這樣，只要以不信任母親的方式靠近她就好。」

若是像這樣持續接受到相反的訊息，人就會混亂地不知道該採取什麼樣的行動而停下來。然後人生就會停止不動。

我在研究心理問題時，認為這個雙重束縛與利益間有著很密切的關係。我思考著，一直接收到相反的訊息雖會讓人生保持停止不動，但這是否也是一種「利益」呢？

若是這樣，即便想要解決問題也很難解決。

而且不論是這個雙重束縛還是利益，很多時候都被認為是起源於幼年時期的親子關係問題。

人在幼年時期會從父母那裡接收到很多訊息。

以父母為範本，不斷接收各種要素，包括生活方式、遣詞用字的方式、愛人的方式、溝通方式等，在無意識中想要與雙親一體化。

對年幼的孩子來說，雙親是自己理想的模樣，是如神明般的存在。

而自己若是為了變成像是（相似於）雙親（神明）那樣去做事，就稱為「與雙親同化」。

都說龍生龍鳳生鳳。棒球選手的孩子會想要成為棒球選手，明星的孩子會想要成為藝人也是因為與父母同化吧。

正因為這樣，關注幼年時期「接收到什麼樣的訊息」就非常重要。

若活出自我，自己就會死？

以下要來介紹一名女性的案例。

這位女性因為不知道自己想做的事而前來諮商。

她的工作都無法長久，戀愛關係也無法持續。歸根結底，她根本沒有「喜歡這個、想做這個」的想法。

她自幼年時期就很聽父母的話，一路被說著是「好孩子」而長大，學校的成績也很優秀。

可是從國中起，她就為進食障礙所苦，還曾有過拒絕上學的經驗，大學畢業後，她到一流企業就職，但不久卻陷入憂鬱狀態並留職停薪。

我問她：

「妳曾經坦率地表現出自己的欲求與情感嗎？」

結果她回答：

「要怎麼樣才能感受到欲求呢？表現出情感是什麼模樣呢？這些我都不知道。」

我覺得現今有非常多像這樣的例子。

她問題的背後，其實有著家庭關係的問題。

她的父親一心撲在工作上，完全不顧家庭，母親因為感到寂寞，就對她做出過度嚴格的教養與教育，完全不許她撒嬌偷懶。

結果，她的成績雖然優秀又出色，但隨著逐漸地成長，心理問題卻強烈地影響到了身體。

我問她：

「如果妳沒有回應母親的期待而是表現出自己的欲求與情感，那會發生什麼事呢？」

結果她回答：

「很可怕。我想大概會被母親拋棄，然後死掉吧。」

她已經長大成人了，卻還是會很**不切實際地想著**「會被拋棄然後死掉」，**而這就是她心中的「現實」**。

因此，因為感受到「若是遵循自己欲求與情感而活，就會被拋棄而變得孤獨」這樣的不安，**在無意識中，她就壓抑（忍耐）住了自己的欲求，為了不去感受而蓋上蓋子以守護自己**。

我認為，守護自己的性命成了利益，所以她的大腦就禁止自己去坦率地感受欲求與情感。

因為這樣，就造成了她「不知道想做的事，感受不到欲求與情感」。

「坦率地去感受自己的情感與欲求」，這正是要「活出自己」。

可是，若是做了想做的事，就會被拋棄而變得孤獨，因為覺得會這樣，就無法活出自我。

也就是說，因為一直有著「若活出自我，自己就會死」這樣的雙重束縛感，當然就會活得很痛苦。

要解決問題，困難的不只有找出利益，還有在無意識下發動的雙重束縛。因為處在雙重束縛的狀態下，即使是想解決問題，卻也認為，若是解決了問題反而會有困擾。

愈是靠近，被拋棄的恐懼感就愈強烈

我們的人生中，會重疊好幾個雙重束縛，彼此複雜地糾纏在一起，所以難以解決問題。

如先前介紹過的女性例子，為了填補母親的寂寞，只要扮演好回應母親期待的好孩子模樣就能確保有棲身之處（安心安全的保障），如此一來當然會對活出自我感到不安。

在戀愛中也很常出現類似這樣的問題。

某位男性前來諮商說：「我的戀情總是不順利。雖然剛開始交往時很順利，但漸漸地會變得不相信對方，進而仔細審視對方的一舉手一投足。結果最終對方就離我而去了。我不知道自己到底為什麼總是不相信對方。」

我仔細地詢問了他之後，發現了如下的問題。

他的父母在他幼年時期就離婚，他是由母親扶養長大的。

他的父親對母親有很強的掌控欲，每次事情一不如己意，父親就會對母親暴力相向或口出惡言。

他是看著這樣可憐的母親長大的，為了體貼母親、守護母親，他不會把想說的話說出口，而且會努力做個好孩子。

但是母親別說很珍視這樣的他了，甚至對他很殘酷。

「你要是能聽我的話就能留在這裡，要是不聽，就把你趕出去。」

這就某種意義上來說就是種脅迫。即便如此，他為了心愛的母親，依舊很努力地聽話照做。

可是有一天，情況發生了改變，母親交了男朋友。

「從今天起，這個人就是你的父親，要好好聽話。」

他面對著陌生的男性，眼前一片黑暗。然後他心中湧起了一個念頭：「我被

母親背叛了。我再也無法相信人了」。

「不論我多努力地想要被愛，母親的關心都不在自己身上，而是投向了一個我不知道的男人身上。」

他無法接受這件事，於是沉浸在悲傷中，對求不得愛的現實感到失望。

自那之後，他就隱藏起一切情感，變得沉默寡言。他不斷反抗母親，在高中畢業後也隨之離家工作。

不久後，他在職場上認識了一名女性並開始談戀愛。

之後就出現了異常。

與女朋友的關係愈是親密，他心中愈是會產生極大的糾葛與異樣感，並開始感到痛苦。

愈是愛女友，**他心中的不安與恐懼就愈是增加**。這就是強烈的嫉妒心。

儘管女友完全沒有劈腿的事實，他卻會疑心生暗鬼。他會去看女友的社交軟體並調查與她有聯繫的人，察看她與誰對話……。

之後，狀況急速加劇，他只要看到女友和其他男性稍微說些話，就會燃起怒火，詰問女友。

終於，他的女友感到筋疲力盡，向他提出了分手。

雖然他表現出了激烈的憤怒，但也已於事無補。他激烈地責問女友，也哭著道歉，但一切都已無法挽回。

不過幸好，在那之後他能冷靜地自我反省。

然後他察覺到自己的反應似乎有些奇怪。

「之所以會對女友反應過度，原因是否出在『自己與母親間的關係』上呢？幼年時期因為想獲得母親的愛而如此忍耐著做個好孩子，但母親還是不愛自己卻愛上了別的男性。」

他幼年時期的心靈感受到了如此的背叛，於是驅使他做出了衝動的行為。

出現在他心中的，是矛盾的感覺。

「想靠近愛的人，想與愛的人變親密」，愈是這麼想的同時，就愈是會浮現出「反正對方一定會拋棄自己而離開」這種類似強烈憤怒的心情。

「愛人就是會受傷害」

若愛與受傷是一個套組，就會經常一邊感受到受傷的恐懼與絕望，一邊去愛人。愈愛就愈是窒礙難行。

雖「想靠近」卻「無法靠近」，因為會同時發動這樣矛盾的情感，所以完全就是**雙重束縛**。

他來接受了心理治療，察覺到自己的雙重束縛，得知照這樣下去，自己是不可能與女性建立起親密關係的。

之後，他重新看待幼年時期與母親間的關係，療癒了持續至今的、與母親間的心靈創傷，現在已經過上了幸福的婚姻生活。

可以自由選擇，但是……

其次來介紹雙重束縛中常見的親子案例。

以下的故事是某位女性的育兒失敗談。

因為丈夫獲得了夏季獎金，於是她帶著國小的女兒去購物中心。她在兒童服飾賣場中跟女兒說：

「今天想買什麼都可以喔。可以選妳想要的衣服。」

女兒於是很開心地在賣場中奔跑。

過了不久，女兒一臉開心地拿了幾件衣服跑回到母親身邊，並說：

「媽媽，我選好了。這件與這件，很好看吧？」

結果，該名母親卻說：

「這件不適合妳啊。上面是粉紅色的花紋，下面是藍色的花紋吧。這兩個花紋不相稱呢。那樣的設計好醜，媽媽會覺得很丟臉的。」

她完全否定了女兒的選擇。

女兒開心的臉瞬間變色，一臉蒼白地開始低聲啜泣起來。

母親感到不知所措，雖不斷道歉陪禮也於事無補。

最後，結果女兒忿忿地發起了脾氣。

「我不自己選了。既然這樣，媽媽妳隨便選自己喜歡的好了！」

母親雖後悔地想著：「糟糕了，搞砸了。」卻始終無法安慰女兒的壞心情。

之後母親雖自責地認為自己做為一名母親真是不及格，但聽到這故事的其他母親卻說：「唉呀，我也是這樣做的呀，這有什麼不對嗎？」

若是處在「由父母來選擇是理所當然的」這樣的環境中成長，會這樣想也是理所當然的。

這個例子的NG之處在於，母親一邊說著：「可以自由選擇自己喜歡的。」卻又否定孩子所做的選擇，強推父母喜歡的給孩子。

也就是一邊許可著「可以自己選喔」，一邊卻又說著「別選那個」。

因為是一邊給予許可同時又做出禁止，這樣一來，孩子就會感到混亂。

而且必須要注意的是，**幼年時期若是一直被許多的雙重束縛給束縛住，孩子的大腦就會停止思考，有放棄主動思考、主動選擇**的危險性。

在與此相同的案例中，問題最多的就是孩子的升學選擇。

以下是一名育有國中兒子的母親案例。

指導升學的教師所推薦的學校與本人期望就讀的學校並不一致。因此雙親就對孩子說：

「你可以選擇自己喜歡的路走。自由選擇吧。」

父母這麼跟他說後，他選了當地偏差值很低的學校。而且這間學校中有許多不良學生，問題很多。

「為什麼要去那間學校啊?應該還有更適合你就讀的學校才是。重選。」

失望的父母這麼跟兒子說。但兒子卻說:

「因為你們說可以自由選擇,而這間高中有我喜歡的學科,所以我才選了這間高中。既然這樣,一開始由你們決定不就好了嗎?」

然後就陷入沉默。

這也是很常見的案例。

為什麼雙親明明沒有想要讓孩子自由選擇卻又說孩子可以自由選擇呢?

或許很多人都會有這樣的疑問。

其實可以想成是,因為在雙親心中有著「兩種矛盾的訊息」。

其實父母自己在面對人生的重要景況時看似自己做出了選擇,但其實卻「沒有做出選擇」。

若是一直有矛盾的兩種想法，情況會變成怎樣？

若在內心中有著矛盾的想法，視狀況與人的不同，就容易改變自己的意見。即便是面對相同的場景，有時會說「好」，有時又會說「不行」。沒有「一貫性的自我」就某種意義上來說，也是一種巧妙的處世之道。

「把真心話與場面話分開來說」也是與有著矛盾的想法、不想與人起紛爭有關，所以透過這麼做來守護住自己的安心與安全。

例如前面提到的國中生兒子升學的例子，雖然父母的場面話是：「人生是靠自己自由選擇的。」但真心話的部分則是：「希望兒子去到好學校就讀，走上美好的人生。他應該要選擇這條路的。」父母在心中強烈地有著這樣的願望與期待。

兒子沒有按照父母期望的答案去做選擇時，父母自我的真心話就會冒出來，

無意識地去逼迫孩子。

可是，**真正有問題的是父母自己**。

因為自己把真心話與場面話分開了說，卻沒有察覺到自己產生了矛盾，所以這矛盾的訊息就直接「投射」到了眼前人的身上。

所謂的投射，指的是**將自己心中感受到的情感或感覺，在自己以外的他人身上如鏡子般映射出來，並自己做出了反應**。

說得簡單些，就是一旦眼前的人表現出了自己忍耐、壓抑著的情感就會想要去阻止，這也是投射效應的一種。

例如就像壓抑著憤怒情緒的人會對表現出憤怒的人心懷厭惡般。

在自己心中，用好聽話來敷衍自己，有著真心話與場面話間的矛盾時，被壓抑的負面情緒就會受到刺激，進而否定對方，想排除掉對方。

在這方面尤其容易明顯表現出來的，就是如先前說過好幾次的，在內心中懷有潛在自我矛盾的人。

或許很多人都是在幼年時期就不斷接收到來自父母的相反訊息，察言觀色地盡量努力回應父母期待並忍耐著。

而這會出現一個問題，那就是**他們也會對自己周遭的人發出相同的訊息（亦即「相反的訊息」）**。

之所以會在國中生兒子的升學事情上發出雙重束縛式的訊息，導致孩子陷入混亂，也是因為父母自己所有的自我矛盾問題就這樣反射在育兒上。

要解決這種情況，比起解決孩子的問題，首先更須要父母對自己的自我矛盾採取對策。

想離開卻又離不開的依附關係

接下來的案例是，想離開父母家獨立工作，卻在短期間內辭去了工作。雖想要自己一個人住，卻又回到了父母家……。

接下來要來談談這樣的例子。

這個例子是很常出現在親子、朋友、戀愛關係，或是想離開卻又離不開時（依附關係）的景況。

依附是指**互相依賴、支配，雖受苦卻也離不開的關係**。

最多的是母子依附關係，所以這應該是最好懂的吧。

這也是因為雙重束縛的束縛很強烈，所以才強化了依附所導致的問題。

以下是某位三十五歲單身女性的案例。

她與雙親同住，從來沒有一個人獨居過。「也差不多要來試著享受一個人住了」「想和朋友玩到很晚」「想叫上男友一起玩電玩」她的這些欲望膨脹著，並朝著獨立生活開始行動。

但是，她一跟父母說起這件事，父母的臉色就不太好看。

雖感到不安，但因為父母並沒全面的反對，所以她還是簽了租房契約，順利搬家。

搬家後幾個月，她突然陷入了憂鬱狀態，無法工作，完全沒有氣力，連身邊的小事都無法處理。

最後，她在公寓的房間中堆滿了垃圾，不僅洗衣服跟洗澡都變得很麻煩，連工作也成了留職停薪的狀態。

她對這樣的自己很有罪惡感，於是更加討厭起自己。

擔心她情況的雙親趕來後，她退租了公寓，搬回父母家。

結果，困擾著她的憂鬱狀態竟不可置信地痊癒了。

之所以會出現這種奇妙現象的原因，就是她的內心在無意識中不斷發出了矛盾的訊息。

那個訊息是，「若想活出自己的人生，就一定要離開父母獨立。可是一旦獨立離開父母，就無法活下去」。

此外，還有一個雙重束縛加在她身上，亦即：「若是沒有待在可憐母親的身旁給予協助，母親就會活不下去」。

這兩者都強烈地束縛住了她的心，在無意識中侵蝕她的心。

其實她的父親接二連三地有著金錢與女性的問題。

因此她會體貼並幫助在精神上不穩定、總是感到痛苦的母親。

從童年時期起，比起自己，她更常關注母親，為了讓母親心情好而討好父親，她一直都在做著父母夫妻的中間人。

也就是說，**本是女兒的她，卻擔任起了父母的角色**。

這就是所謂的「親子角色逆轉」。

「親子角色逆轉」指的是，本該是天真無邪的孩子，卻壓抑住自己的欲求與情感，由孩子來照顧父母的現象。

孩子本來會天真無邪地哭泣、歡笑、大叫、胡鬧。這些正是處在童年時期的孩子才被許可做出能自由表現自我的行動。

在這個時期中有好好表現自我的孩子，將來長大後，就能重視自己的心情。

此外，在面對與他人的關係上，也不會有過度的承認欲求以及依賴，能在真正意義上建構起對等且良好的人際關係。

這類人是「能確實表現出自己的情感與欲求，十分滿足地度過了孩提時代」，所以可說是心中沒有遺憾的狀態。

可是，在親子角色逆轉狀態下成長的人，比起自己，更在意雙親，會以雙親的事為優先，所以經常都要靠照顧某人才能感受到自我的存在。

總之，在「明明是孩子卻沒體驗過孩提時代」這意義上，這個親子角色逆轉

的狀態會在孩子心中留下莫大的傷害。

不僅如此，這些人將來還會自動地為了某個看起來很可憐的人，背負起「犧牲者的人生」，對人際關係形成阻礙。

若沒有背負著不用背負的重擔或十字架，就無法許可自己活下去，這也是親子角色逆轉的後遺症。

我自己也曾親身經歷過，所以非常了解這樣的心理。

回歸正題，她搬回父母家後仍繼續想著要獨立，但因為這個親子角色逆轉還在持續著，就會在無意識中又回去擔任父母的角色。

若她沒有去扮演母親的角色，也沒有去扮演雙親中間人的角色，回到父母家後不久，雖治好了憂鬱狀態，也不過是回歸到了本來的角色。

雙親雖可暫且放心，但她在之後若仍是視父母優先於自己而活，或許依舊會變得愈來愈痛苦。

因為每個人一定會有「想活出自己的人生」「想表現真實的自我」這種本能

的欲望。

可是因為有雙重束縛在，就會阻止自己活出自我，但另一方面，雙重束縛中也有著**「若不活出自我就能獲得活下去的許可」**的利益，所以要更進一步的解決是很棘手的。

要解決這個問題，就必須仔細掌握利益與解開雙重束縛。

無法自己做決定的男性

接下來要介紹另一個雙重束縛的案例。

有位男性上班族在職場上總是會被上司責罵。

不是因為他工作態度不佳，他是認真且勤勤懇懇努力的類型，但是他卻有個一直都無法解決的問題。

那就是「**無法做決定**」。

他莫名地會在要自己做選擇、決定時，大腦就一片空白，陷入當機狀態。

因此在聽聞周遭意見要做判斷時會感到很迷惘，徒讓時間流逝，最後，等得不耐煩的上司就會斥責他：「你到底在幹嘛！」

不僅是工作。即便是在私底下面對交往多年的女友時，他也怎樣都無法下定決心與對方結婚。

在這樣的他心中，到底發生了什麼事呢？

其實在他童年時期，父母總是對他說：

「你為什麼都不能自己決定自己的事啊？你就是因為這樣才很沒用。」

而他若是做了決定，父母又會對他說：

「搞什麼啊，結果比起你自己選的，聽父母說的去做選擇還比較順利吧。你因為沒有先跟爸爸媽媽商量，才做出了這樣沒用的決定。」

這麼一來，他一旦想自己做決定時大腦就會當機也是無可避免的。因為不論是選了還是沒選，父母都不會說好聽話，只會「否定他」而已。

這完全就是雙重束縛。

就像這樣，若是持續接受到**一邊說讓自己「做選擇」一邊又否定自己選擇的**矛盾訊息，**思考就會當機**。

而且拿出勇氣做選擇後，接受到否定這選擇的訊息時，心靈特別容易受傷。

「你很沒用」這句話，並非指做不到的行動，而是「否定自我的存在」。因此若有人持續對自己說這樣的話，就會在心中擁有強烈的自我否定感。

最後就會形成「自己所選的東西全都不對」這樣的成見，導致在面對選擇時，因不安與恐懼感，造成頭腦一片空白。

尤其是最近，我覺得增加了非常多任何事都無法自己「做選擇」的人。

之所以對自己所做的選擇感到不安，又或者是死心放棄自己去做選擇，或許就有這樣的背景。

雙重束縛是各種問題的根源

那麼，以下來列舉各種雙重束縛的模式。

雙重束縛不僅是特定人士的問題，幾乎與日常的煩惱、問題都有關。

就如同下面這句話所說：「即便想解決問題，可是一旦解決了反而會感到困擾。」這就是在第一章中已經解說過的「有問題就有利益」。

- 想瘦下來，卻輸給了甜食的誘惑。
- 想要更多的錢，卻沒有換工作的勇氣。
- 想離開家，父母很煩，但很擔心自己是不是能一個人住。
- 想和丈夫離婚，但在經濟上會感到不安，所以離不了。
- 想告訴對方自己所忍耐的事，但要是說了，或許會被罵。

緊纏著這些煩惱的「利益」就與雙重束縛有關。

因此，愈是想要解決，愈會在無意識中阻止自己，所以難以解決問題與煩惱。

大家或許會認為，那就只要一一解開各自的束縛（禁止令）就好，但用一般的方法其實是解決不了的。

只要解開一側的束縛，就能解決問題嗎？

想要解決心理問題時，**在所有煩惱與問題背後的雙重束縛（禁止令與利益）就會發動**。

大家或許會認為，那就只要一一解開束縛就好。但事情並沒有那麼簡單。

例如對於想說的話卻說不出口的人來說，若問他們：「只要能把想說的話說出口，是否就能解決問題了呢？」答案是「ＮＯ」。

能把想說的話說出口、能做出行動……朝這方向進行治療時，就會發生如下的情況。

試著靠近不太喜歡的上司並將至今都沒說出口的話說出口，結果上司湧現激烈的怒氣並否定了自己。

最後，比起接受治療前，反而變得更加害怕，也愈加不敢把想說的話說出口。

本想著要解決，問題卻反彈，導致「問題更加惡化」。

這麼一來就只會徒增痛苦而已。

也就是說，若是解開了雙重束縛中單一側的束縛（禁止令），另一側的束縛反而會更加收緊。因此若愈是要將想說的話說出口，恐懼就會愈為加強。

若解釋得更簡單些就是，本來的煩惱是「想要把想說的話說出口」，另一方面，若要說出口，就會出現預期性焦慮，擔心自己或許會被攻擊，或是被否定。

若是把焦點放在這個「想說的話卻說不出口」上，以「解決」無法將想說的話說出口這個問題為前提，就要**接受「受到攻擊而受傷」**。

也就是說，若是把「能把想說的話說出口」當成解決目的，大腦就會將之解釋成是「接受傷害」。

會對此感到恐懼是理所當然的。

那麼該怎麼做比較好呢？

那就是不要把解決的目標設成是「能把想說的話說出口」。

接下來我將說明那是什麼什麼意思。

想解決的是更深層的問題

在前一節中我們談過，要解決的不是「能把想說的話說出口」。

那麼接下來就來談談該怎麼解決哪些問題？以及解決的目標為何？

例如「無法說出想說的話」這個問題背後所擁有的利益是：「只要不把想說的話說出口，就不會被攻擊、受傷」。

正因為利益是守護自己不受傷，才會選擇了不把想說的話說出口。

接著，我們再更深入往下探討。

如果能把想說的話說出口了，問題就能解決了嗎？

只要這麼一問，很多人就會察覺到，「能把想說的話說出口」不是解決問題的最終目標。

這時候，最終目標（真正要解決的事）是什麼呢？

那就是**即便會受傷，也能按自己的意思表現出情感與欲求**。

即便接受「可能會受傷」，仍能表現出自己的意思與情感，要能做到這點，必須有**「不論發生什麼都無動於心的自我」**。

沒人會知道接下來的人生中會發生什麼事。

世界上的人若全都是心懷善意去待人，那說出想說的話當然沒問題。但是很遺憾的是，情況並不一定是這樣，我們是不可能按照自己所想去控制他人的。

正因為周遭是無法改變的，所以打造「不論發生什麼事都能無動於心的自我」才很重要。

此外，解決問題時還有另一項重點。

那就是要同時解開雙重束縛的兩方束縛（禁止令）。

若單只是解開一個束縛，將想說的話說出口，傷害就會隨之而來，所以會止不住恐懼感。

因此，要解決問題，就要從「無關想不想說，就是不可以」的心態轉變成是「說不說都可以」，這點很重要。

只要有這樣的想法並進行解決，就能儘早從根本上做出解決。

第三章

解決問題所必須的是什麼？

大腦本能地會想避開疼痛與不愉快

在第二章中，我們簡單解說了雙重束縛以及問題的根本解決法。若要補充說明這個根本性的解決方法，那就是，在實行這個方法時**一定會碰到的親子問題**。因此在第三章中，我將要來說明關於這個詳細的解決方法。

人基本上是「想要避開不愉快，獲得愉快」的生物。

生命為了迴避危險並提高存活的機率，大腦本能地會想要避開焦慮與恐懼。

例如在山上遭遇熊時，若不覺得熊可怕而想要摸牠，就會受重傷吧。此外，在高樓屋頂，之所以會雙腳癱軟也是「要是掉下去會很可怕」這種感覺在守護我們的性命。

有很多人都不喜歡「害怕」這種感受，但正因為出現了這個本能的感受，才能守護我們遠離危險。

這就是人類的「防衛反應（防衛系統）」。

要說這個防衛反應的機制是什麼，就是在感受到某種焦慮與恐怖時，或是有可能會發生生命危險或心靈被傷害時，大腦就會察覺到危險，分泌出正腎上腺素這種神經傳導物質。

然後在瞬間判斷出是要逃跑還是要戰鬥，採取某種防衛行動。

防衛反應是能守護我們的重要功能。只要這麼一想，焦慮與恐懼對我們來說就是重要的訊息。

「利益」也可以說是透過「不去感受到、避開焦慮、恐懼、痛苦」，肩負著守護我們心靈遠離傷害的重責大任。

而大腦會為了要避開不愉快就會隨自己心意扭曲解釋負面的事情或情感，以免讓這些事情留在記憶中，或是會將記憶竄改替換成是沒發生過。此外，若是太過忍耐（壓抑），就會以對他人突然爆發出憤怒或攻擊的形式表現出來。

這也是一種防衛反應。

懷抱著問題、維持著利益，又只想要除去不愉快的情感或感受，在某種意義上來說，就是我們所擁有的防衛反應之一。

就像這樣，想要避開不愉快、維持利益，是因為我們的大腦有著會自動守護自我的功能。

然而不論「懷抱問題所擁有的利益」有多能守護自己，我們都能對這些煩惱與問題置之不理嗎？

能解決問題的，不是其他人，也不是治療師

前來諮商的所有人都說想解決問題。

「因為自己想改變才來的。因為想改變才想接受治療。」

但仔細再聽下去後就會發現，想著希望改變周遭人（這麼一來我會比較輕鬆，而且也能有所改變）的人並不少，像是：「如果丈夫改變一下就好了」「想對孩子做些什麼」「上司很討厭」「想改變妻子的想法」等。

但我們當然無法改變周遭其他人。

的確，因為諮商者本人的變化，周圍的人也會受到感化而改變，這是很常有的事。

可是，解決問題的主體還是「自己」，這是一大前提。

此外，只要面對自我，就必須直視懷抱問題所擁有的利益。必須放下利益、承受痛苦，但也有人想要避開感受到痛苦的糾葛，切割、背離感到虛脫的自我，假裝不去看問題。

還有，也有人會把錯都怪在自己以外的人事物上，例如都是他人不好、是公司不好、是這世間險惡等。

然而，**若問題是自己心中的糾葛，就只能以自己為主體去解決**。答案並不在外面。

若想從根本上讓人生好轉起來，首先就應該以自己為人生的主體。這是非常重要的。

有沒有「為了自己而專心致志於人生核心課題」的這個心態，會影響到人生會不會出現重大改變。

從了解問題的根本原因開始吧

即便聚焦於問題點，也改變了行動與思考卻仍無法解決問題時，或許其中還有著更根本的問題。

例如有很多事情是透過改變行動與思考就能解決的。

・因為沒錢而必須去工作

↓不想去工作，但若就這樣下去會一事無成

↓下定決心從網路上的徵人廣告開始著手

・身體狀況不好，但不想去醫院，害怕去醫院

↓因為不想死，就去醫院接受治療

- 覺得人際關係很煩，卻又和不想來往的人扯上關係

↓透過自己主動中斷交往、拒絕邀約來解決

這些都是只要透過改變行動與想法兩者，就能順利解決的問題。

這些問題會因為由自己思考後做出決定、俐落行動而有所變化，而且也能獲得解決。

可是被他人的言行舉止牽著鼻子走，或是放棄自主思考後進行選擇、行動時，**就有可能踩下內心的煞車，遠離某些問題本質**。

例如以下的情況。

因為怎樣都戒不了甜食，結果愈變愈胖，血糖值也上升。而且即便被診斷為是糖尿病預備軍，也不減少飲食量。

像這樣「不想停止也停不下來」時，就是即便努力想要改變行動與想法，也難以改變。

因為就如我們在第一章中說明過的，其中有著**做出那行動會獲得的利益**。

這種情況下的利益就是透過飲食，能獲得「好好吃，好開心，好舒暢」這種快樂的感覺。

人的大腦有一種運作機制是，會想避開不愉快並獲得快樂，所以無法停止暴飲暴食的人，有可能是在透過吃過多的食物來避開某種不愉快的情感。

這個例子可以說是「只想要改變行動卻怎樣都不順利」的典型案例。

像這種時候就要關注到，透過懷抱問題而能**「獲得什麼」「想避開什麼」**，**而那又是「何種感覺」「何種情緒」**。

透過注意到這些，就能離從根本上去解決問題更進一步。

暴飲暴食的真正原因

前幾天，電視上介紹了一則故事，是一位美國女性不想維持自己二一〇公斤的體重，為了減肥而進行了胃縮小手術，最後成功減重超過一百公斤。

這名女性明顯出現了異常的飲食行為。

她一大早就攝取了充足的醣類，吃下大量麵包、披薩、冰淇淋等，而且是連續三餐都這樣吃。她也因肥胖的身體過於龐大而無法起身下床。結果當然就會愈來愈胖。

我看了那個節目後認為，該名女性之所以會一直吃，原因出在心理性問題，儘管動了縮小胃的手術，讓她無法吃下那麼多食物，但之後她還是會去找其他的依賴物吧。

其實她從童年時期起就遭受到過分的虐待。

節目中稍微提及了她被父親大罵、否定、毆打的過去，但卻沒有人去深入挖掘她內心的問題。

暴飲暴食的人會為了欺瞞大腦以不去想起「討厭的過去」而持續飲食，這樣的情況非常多。他們是想透過飲食來遮掩那些不安或恐懼的難受感覺。

該名美國女性的情況**應該優先處理的是「療癒童年時期遭受虐待的記憶・創傷」**。因為這正與她異常的飲食行為有關。

「討厭的過去」大致都存在於童年時期的記憶中，本人是沒有自覺的。因此也不會察覺到在經過幾十年後仍對現今的自己造成了影響。

那麼，為什麼童年時期的記憶在長大成人後仍會對我們造成影響呢？

不結束掉未完結的童年記憶，就無法解決問題

據說我們約在七歲的時候就大致決定好了人生的方向。

身處在什麼樣的文化下、有怎樣的家庭環境、被父母親以哪些話語及態度來對待、受到怎樣的關愛等，都會對之後的人生產生極大的影響。

例如若是生長於經濟較富裕的家庭，雙親的精神面都非常穩定，以充滿愛的態度來扶養孩子，孩子也會長成在精神面上很穩定的大人。

可是若雙親不合，家庭中否定與謾罵聲四起，經濟也不穩定，不給孩子買他想要的東西，不關愛孩子、對孩子置之不理，連孩子本身的存在都否定時，這個孩子將來在精神面上就會變得不穩定。

因為我們的大腦會配合事情的衝擊度，將那樣的體驗記錄在五感（視覺、聽

覺、觸覺、味覺、嗅覺）中。然後**若是遇到了類似的情況與人物時，就會啟動迴避的能力**。

每次出現到類似的情況與人物時，大腦就會發出「危險！逃離開這個人」的指令，為了迴避危險而本能地發出「恐懼與不安」。

若說得簡單些，就是**「心理陰影」**。

發生在童年時期的衝擊性事件，會被記憶在大腦的海馬迴中，每當遇上類似的人物與情況就會閃回（如壓下重播鍵重放記憶般，想起當時的感覺與情緒）。

那樣的情況即便長大成人後仍會持續。

所有人無論大小事都會有些心理陰影。

那是為了要守護自己才發動的迴避危險能力，即便是碰上不用發動的情況，也會自動發動，所以給很多人造成了煩惱、困擾。

例如眼前的人明明沒有要傷害自己，卻莫名將他與存在過去記憶中、會暴力相向而令人恐懼的父親形象重疊起來，出現了害怕、膽怯、畏縮，無法將想說的話說出口的現象。

即便告訴他眼前的人是令人感到安心、安全的，但只要他本人還處在心理陰影記憶閃回的狀態下，出現身體不停抖動、想逃跑的迴避危險反應，就怎樣都是束手無策的。

之所以會發生這樣的現象，正表示在**本人的大腦中，至今因「恐怖父親」的體驗所起的恐懼尚未終結**。我們就稱此為**「未完結」**。

那麼為了在不用發動迴避危險反應的情況下不發動這反應，我們該怎麼做呢？**那就是必須解除大腦的自動程式，亦即解除「在這樣的情況下面對這樣的人時就迴避危險吧」的反應**。

若是用「切斷、解除過去未完結的恐怖記憶與眼前現實的連結」這種說法會比較好懂吧。

要解除那樣的程式，**其實就必須要療癒在童年時期所留下的記憶，而那些記憶就是未完結的受傷體驗**。

要結束掉「未完結」且沒受到療癒、就這樣殘留下來的記憶。

只要結束掉「未完結」，冒出恐懼與不安記憶時的反應就會漸漸消失，最終問題就會自然而然地從眼前消失了。

總是喜歡上廢柴的女性

那麼接下來，要來介紹某位女性的事例。

她是三十八歲的上班族，每天都快樂工作，過得很充實。這位女性一直想結婚，於是就和透過介紹而認識的、大她十歲以上的男性以結婚為前提來交往。

可是，兩人的關係雖一開始很順利，漸漸地卻開始出現摩擦，最後只維持了半年就分手了。

這名男性是資產家，在一流企業中工作，但總是會單方面的將自己的價值觀強推給別人，完全不顧慮她的心情，最後導致兩人的心意無法相通。

她自分手後才了解到一件事。

那就是，**在與他的關係中，投射出（看起來就像是映照在鏡子中般）了自己那沒用父親的模樣**。

她的父親是個「沒用的男人」，賭博、借錢、外遇等毛病全都有。

母親因為這樣的父親而受苦。

她身為孝順的女兒，從童年時期起就擔任連接感情不睦的雙親中間人，努力地討沒用父親的歡心。

這既是在幫助母親，也是在支撐著這個家不垮掉。

她犧牲了自己的童年時代，而她也因此深信：**「為了守護家庭這個安全基地，就必須犧牲自我，代替母親承受父親討人厭的部分。」**

她將這件事投射在戀愛關係中，面對男性，她不敢說出想說的話，就算男方對她做出不好的事，她也會忍耐，吞下憤怒。

不斷重複這情況導致她因壓力而搞壞了身體。

她在面對戀愛對象的男性時，會忍耐自己的欲望，隱忍下討厭的事，形成了自我犧牲的奉獻關係，所以想當然耳，對方就會利用她、輕視她、把她耍得團團轉，並且隨意對她。

這與其說是對方的問題，**更是她自己允許對方「可以隨意對待自己」的問題**。

一旦進入到戀愛等**特別親密的關係中時，就容易直接投射出童年時期雙親的關係性**。

因此，若是像她一樣有著「透過自己為家庭做出犧牲以維持和平」這樣的程式時，只要不破解這程式，就會再度重複著去接近類似男性並且被利用的情況。

之後，她接受了治療，承認了對父親感到憤怒的情緒。因為解放了未完結的童年時期感受，她終於能沉穩下來了。

我們**在童年時期間的親子關係，會直接反映到現在的人際關係上**。

透過解除這個自動程式，與人之間的關係就會產生戲劇性的變化。

只要改變感覺與情感，行動自然會改變

那麼我們已經說過了，要在根本上解決問題，解除從童年時期就養成習慣的自動程式很重要。於此同時，**也要重視感覺與情感**。

因為**我們人類透過思考能控制的領域是有限的**。

人一旦想面對正確的事情或應該做的事情時，就會出現這樣的現象。

沒有力氣、無法專注、一直開著遊戲或電視等，愈是想著要去做正經事，反而愈做不到。

這到底是發生了什麼事？說起來這不過**單純地就是身體發出了「不想做」的信號**。

大家應該都體驗過這種現象，也就是雖然想要行動，但身體卻不行動。

據說人類的大腦利用思考或邏輯來做出考慮判斷的表層意識只有不到一〇%，而職司感覺與情感的潛意識則占了九〇%以上。

不論那個行動有多正確，一旦感覺到不喜歡、恐怖、不安，守護自身遠離危險的防衛系統就會開始運作，無意識地停止身體的動作。

這是因為「利益」而想要守護自己的防衛反應。

因此，想要解決問題時，就要關注該人心中湧現出了什麼樣的情感？感受到了什麼樣的感覺？

然後透過改變那分情感與感覺就能自然而然地做出行動，不知不覺間，問題就不再是問題了。

為什麼想做卻也不想做？

我每年都會舉辦培育專業治療師的講座，因此每個月都一定要出些功課。

而在參與講座的學生中，既有人每次都會做功課，也有人都不做的。

我試著去分析了一下其中的差異，得知了不做功課的人不是「不做」而是「做不了」。

這些人正是因為「對自己沒自信，所以想隱藏自己（強化自我否定）」「對自己有不滿或不安，所以不想承認自己變得很厲害」**這兩者其中一個的匱乏動機（掩埋不安）**才來上講座，並非是出自於想學習知識或技術以成長的成長動機。

在填補現今的自己很沒用這種**匱乏感與空虛感的動機中，正藏有「做不到的自己是很沒用的人。一定要成為很厲害的人並獲得認可」這種自我否定感**。

若是從這動機出發而做出行動時，就會刻意地強化自我否定而來參加講座。

這麼一來，愈是覺得應該要學習，就愈是提不勁兒來學習。

結果，即便我出了功課，但因為他們不是真心想做的，身體就會在無意識下表現出真正的心情，也就是「不想做」，變得既沒有氣力也無法專注。

這種「為了什麼而做」的「目的意識」非常重要。可是即便一開始是從否定自我切入，之後只要明確知道「自己想變成怎樣」，並做出修正就好。

為此，對於「為什麼自己會不想做呢？」這問題，不斷深入地詢問自己：「這是為誰而做的？是為了什麼而做的？」「想獲得什麼樣的結果呢？」就是解決沒幹勁的重點。

盡可能將情感與感覺化為言語

前面已經說明過，處理感覺與情感很重要。

那麼接下來就要來說說具體該如何處理。

其實有很多沒能察覺到自己心中真正的問題，因而懷抱深刻煩惱的人都有一個問題——「完全無法把自己的心情化為言語」。

我感到這類人非常多。

有些人總會去觀察他人心情、對他人察言觀色，但就算問這些人自己的內心作何感想，他們也難以做出回答，而且也幾乎不在意、不關心自己的情感與心情。

無法將自己的情感、感覺、想法這些看不見的東西化為言語的人有一個問

題，就是不了解自己的輪廓。

無法掌握住他人與自己的邊界，無意識地會侵入對方的界線中，或是讓對方侵入自己的界線，這麼一來，**在人際關係上就容易產生出麻煩**。

然而在採取方法解決問題前，要「能用語言表現出」自我，並了解「自己是誰？自己感受到了什麼樣的情感？有著什麼樣的想法？」「自覺到自己的感覺與情感」很是重要。

能用語言來表現自己的情感與感覺，就是自我覺察。

要解決問題，「將自我化為語言」非常重要。

不了解自己——來自依戀障礙的依賴

以下來談談某位五十多歲女性的事例。

這名女性是育有兩位女兒的單親媽媽。

兩個女兒獨立、結婚後，她就深刻地感受到空虛與孤立。而且一有什麼事就會把孩子叫出來，吐露自己的煩惱與自己做不到的事，想要依賴女兒。

而被依賴的兩個女兒其實在童年時期幾乎都沒受到母親的關注。兩個人只要靠近母親、向母親撒嬌，母親就會露出嫌惡的表情拒絕她們。

女兒無法向母親撒嬌，反而要在母親精神不穩定的時候支持母親。

這就是**孩子在扮演雙親角色的「親子角色逆轉」**，是孩子在孩提時代時無法做為孩子身分生活的共依存家庭中常見問題。

身為母親的諮商者，因為只有在自己痛苦時會想依賴女兒，使得女兒與她保持了距離。

一旦無法依賴女兒，她就會去尋找其他能依賴的對象。她去參加了靈性講座，並在那裡依賴他人而產生了問題。

依賴者有著輾轉在依賴場所間各處奔走的傾向，而那正是為了不讓自己感受到孤獨與不安。

她察覺到了自己可能有些問題，所以來到我這裡做諮商。

可是，我一問到關於她自身的問題，她就什麼都答不上來，因此不太能解決到本質上的問題。

這名女性所懷抱的問題是「不知道自己的想法」「無法用言語來表達自身情感與感受」。

而原因就出在她強烈的依賴性生存方式上。

以依賴性生存方式生活的人，比起自己的想法，會以對方的想法為生活的中心，因此無法回頭省視自身。

她為什麼會變成這樣呢？原因就出在她的童年時代。她小時候就經常被父母忽視，完全沒有體驗過撒嬌，父母也不理解她。

這就成了依戀障礙的原因，是在與雙親間的關係中，完全沒有包含著愛的心靈羈絆狀態。

孩子將自己的感受說出口，若父母能理解、有同感，就能確認自己的感受。

例如孩子吃了好吃的東西並告訴母親：「媽媽，這個好好吃喔。」而母親則展露笑容，以有共鳴的話語回覆：「是啊，好好吃呢。真好。」這麼一來，孩子就能確認並理解到「吃到美味的食物是件很開心的事，是很美好的事」。

如果親子間的相處中缺少了這樣的共鳴，將來，孩子會難以得知自己的感覺與情感。

她從出生起，母親就不關注她，一直忽視她，一旦她想靠近母親，就會被拒絕，所以對於自己的存在無法有確信感。

因此，她很不擅長於將自己現在感受到了什麼、有怎樣的想法化做語言來向人表達。

針對這類人，我經常會請他們**去留意自己的感受，並書寫在筆記本上**。又或者是**去練習使用語言告訴他人自己的感覺，將之如寫日記般寫在部落格或社群軟體上**。

透過重複這樣做，就能進行療癒或解放，讓心靈變輕鬆（我會在第四章中再次說明具體的方法）。

培育心靈羈絆的重要性

在前一節中，我們稍微談到了「**依戀障礙**」。

所謂的依戀，指的是**透過親子間的愛所形成的「心靈羈絆」**。

若是在童年時期無法順利構築起心靈的羈絆，或是受了傷，都會極大地影響到工作、人際關係、戀愛與結婚、育兒、健康等各領域。而我們就稱這樣的狀態為依戀障礙。

近年來，這個依戀障礙特別受到關注。

依戀的養成是來自於童年時期「與特定人物間有心靈羈絆」。與之構築起心靈羈絆的人，**對自己來說**一定會是「**特別的人**」，並非是誰都可以。尤其對幼兒來說，更是從與重要養育者間形成羈絆開始。

只要確實構築起這分依戀，就能確保有自我肯定感、自我信賴感以及與他人間的良好溝通。心靈的穩定度會視與依戀對象間不同程度的「安心、安全感」而有不同。

可是，若無法與養育者間構築起良好的安穩依戀關係，對孩子來說，**比起擁有「這世界是危險的，人很恐怖」這類不安，對一般人際關係的不安與不信感會更加速惡化**。

尤其是受到否定、拒絕、言語暴力、肢體暴力、疏忽（無視）、放棄育兒、教育虐待*、過度保護等支配時，對心靈造成極大傷害，一旦受傷，就會留下傷痕一輩子。

童年時期，在自己與養育者的關係間若能構築起愛與信賴的關係，之後就能安心地去探索外在世界，而這分安心感也能反映在除養育者之外，與他人間的關係上。

依戀若是很穩定的，人際關係就也是穩定的，談戀愛、結婚、育兒時也容易很穩定，可以說，將來會比較容易過上幸福又豐盈的人生。

*註：教育虐待，指家長過於執著升學，對孩子大小聲，並逼迫孩子讀書、參加升學考，導致孩子身心不堪壓力。

無法抑制對孩子感到煩躁的女性

那麼，因為依戀是不穩定的，所以我將介紹一位女性的例子做為問題嚴重化的事例。

她結婚六年，家庭成員有丈夫與五歲女兒共三人，夫妻都有在工作，她與丈夫間的關係也很好，但在育兒上卻有些問題。

她經常對女兒感到煩躁、無法愛女兒，甚至會嫌惡女兒，一旦女兒想靠近撒嬌，她就會揮手拒絕。

「我為什麼無法覺得女兒可愛呢？為什麼會厭惡她呢？我真是個不及格的母親。可是我就是無法接受女兒。不知道該怎麼辦才好。」

她就像這樣，因為無法接受女兒而有罪惡感，雖然想接受女兒卻也不想接受，她一直為這種雙重束縛的糾葛所痛苦著。

為此，她開始想要解決「無法認為孩子很可愛、無法愛孩子」這個問題。所以她注意到了許多事。

她之所以無法接受女兒，是因為自己在幼年時期就完全沒有獲得過母親無條件的愛以及接受。也就是說，**從幼年時期起，她就「完全沒得到」該獲得的、來自雙親的愛**。

她從幼年時期起，不論做什麼事，就只會被忽視或是被責罵。失敗或是沒有遵守父母說的話時，就屢屢會被母親否定、責罵：「妳真沒用！我不要妳了。都是因為生下了妳，我才這麼不幸。」她一直都在承受著這些事。

她愈是渴求愛，就愈是恐懼會被拒絕、被否定，所以陷入了無法渴求愛的雙重束縛中。若是不向雙親渴求愛，雖不會被否定或拒絕，但取而代之的，雙親卻會無視她的存在，並要求她要做個好孩子。

對她來說，愛就是痛苦，因為渴求愛就等同於是接受否定與拒絕。這麼一來就不得不放棄獲得愛了。

被母親否定自身的存在，她連被抱過、感受愛的體驗都沒有就這樣長大成人，所以總是對愛懷抱有飢餓感、匱乏感，一直處在痛苦中。

她不僅完全沒有愛的羈絆，更甚的是，還一直對母親懷有不信任感與憎恨。在這樣的情況下，她終於遇見了依戀對象——她的先生。然而，她才獲得安心感沒多久，就生下了孩子，並產生糾葛。

想愛孩子卻無法愛的痛苦，讓她前來接受治療，並察覺到自己將幼年時期母親對她的所作所為也同樣拿來對待了自己的孩子。

她無法愛女兒的原因就在這裡。

自己在不被允許撒嬌的環境下成長，明明怎麼努力都不被愛，所以一旦天真無邪地撒嬌、渴求無條件的愛的女兒出現在眼前，一直忍耐著的不滿與憤怒就爆發了，得要拚命壓下去才行。

此外，一旦女兒天真無邪地渴求愛，她就會自責於自己是無法回應女兒期待的失格母親。

而且自己雖渴求愛卻仍無法獲得的絕望感與深刻的悲傷就會受到刺激而湧現，而這是最令她感到恐懼的。

因此她也察覺到了**自己在下意識中將悲傷替換成憤怒，以獲得守護自己心靈不受傷**的利益。

這麼一來，無法接受、愛孩子也是很自然地。

她接受了治療，確實理解了自己無法從母親那裡獲得愛，以及對母親的憎恨與憤怒，在她漸漸解放並療癒這些情感時，她面對女兒的心態就改變了。

如今她已經能對女兒湧現疼愛，並每天都能抱女兒了。

讓自戀的傷回復吧

關於解決問題，與依戀障礙同樣重要的是「自戀」。

所謂的自戀，指的是**愛自己、認可自己的能力**。

只要是人都會有自戀。

近年來，人們有時會將「自戀型人格疾患」略稱為「自戀」。在此指的是自戀膨脹成了傲慢不羈的態度或是以自我為中心，而做出了會造成他人困擾的態度、行為舉止。

不過，「自戀」本身並不是壞事，過於自戀或是自戀膨脹時才會產生問題。

此外，有時我們也會用「自我肯定感」或「自我重要感」來表現自戀，但就「認可自我」這點來看，可以說意義上是大致相同的。

這分自戀會受到幼年時期與雙親間依戀關係的影響，若依戀關係是穩定的，就會升高。

可是，這個自戀若是在某些形式上受到傷害時，別說要愛自己了，甚至還會否定自己，無法接受真實的自己，變成強化否定自我的生活方式。

之所以會認為自己不行，覺得「自己很沒用，得要更努力，否則就會不受人認可」，是因為無法停止持續努力、與人爭勝、想逃避丟臉的恐懼，想要成為比他人更有價值的人才努力不懈。

此外，若自戀過於強烈，就會想要隱藏起沒用的自己或做不到的自己，這麼一來，或是會過度地抬高自己，讓自己看起來很厲害，或是利用人際關係，或是說謊而破壞了與人之間的信賴關係等，生活方式變成以自我中心為主。

因此，自戀過弱或過強都不行，重要的是要適度地接受「真實如常的自己」。

在治療中，要從依戀障礙中修復受傷心靈時，很多案例在自戀這方面也受了傷，所以要同時處理依戀與自戀。

以下將介紹有著強烈自戀問題的男性案例。

有一位五十多歲的男性經營著一間顧問公司，他主要的工作是針對想創業的人提供諮詢。

他的打扮華麗，能言善道，一一將想創業的女性們當成了冤大頭，販售高價卻沒內容的研討會，或是因為有半年沒交租賃事務所的租金而鬧上法院，常常都因為金錢或女性問題而引發紛爭，是個麻煩不斷的人物。

可是另一方面，只要有人稍微提醒他注意言行，他瞬間就會陷入憂鬱狀態，常常窩居在家，所以從這點可以窺見他精神上的脆弱與不穩定。

他的內心有著強烈的自我否定，無法接受沒用以及在精神不穩定的自己，總是在扮演著「我真厲害啊」這樣理想中的自己，用各種謊言敷衍搪塞過去。

除了能窺見他精神上的脆弱與不穩定，他表現出的另一個極端就是以傲慢不羈的態度去利用、支配人，這兩種情況都同時棲息在他心中。

也就是說，為了隱瞞自我否定，就要成為「優秀的自己」。

這樣做，就能不去看沒用的自己並演出身為閃耀發光的成功者，但即便如此，最後，因為強烈的自戀，將無法與周遭人建立起信賴關係，導致在工作上一事無成。

若是過度自戀，情況就會像這名男性一樣，被稱為「自戀型人格疾患」。像他那樣過於強烈又膨脹的自戀是很大又很顯著的問題，但另一方面，過弱的自戀，也就是「蔑視自我或自卑」也是個問題。

自己不論做什麼都做不好、反正我就是沒人愛、自己沒有活下去的價值，擁有像這類的自我否定感也是很令人困擾的。

大腦會在無意識中按照自己認為的「那樣」，決定好人生的故事，所以會出現刻意置身在那樣的人與環境中的現象。

例如若擁有強烈的自我否定感，認為反正自己沒人愛，是沒有價值的人，就會刻意靠近會欺騙、利用自己的人，進行被利用、受傷害的確認作業。

這是為了確認因自己所擁有的低度自戀所帶來的自我否定。而且這樣的情況不會只發生一次，會重複靠近詐欺犯而被欺騙並強化問題。

這種**莫名會強迫性不斷重複相同問題的情況，就稱為「強迫性重複」**。**雖然知道不可以卻停不下來的行動等**，就可以想成是**這個強迫性重複在運作**。各種各樣的上癮症與戀愛依存症都是一樣的。

就像這樣，「過弱的自戀」與「過強的自戀」都容易陷入不幸，所以察覺問題並做出修正非常重要。

自戀的問題**只要透過承認、接受「不論做不做得到都很好。無論怎樣，都是真實的自己」就能解決**。

首要的是找出如實的自我。

只要透過調低自戀，使之維持中庸，轉向能更輕鬆活出自己的方向，就能更放鬆地享受人生。

為此，我將在下一章介紹相關的練習給各位。

第四章

解除「禁止令」，改變人生的方法

為什麼解決問題時順序很重要？

世界上有各種解決問題的方法。

要挑戰解決煩惱與問題時，諮商以及各種治療等就是深刻挖掘自我的好機會，也是改變人生的第一步。

不過，**若是搞錯了解決問題的順序，問題就會更惡化，解決上也會面臨困難，**像這樣的例子也是有的。

例如假設有位商務人士，他有著「無法停止努力」的問題，因而一直感到疲憊不堪。

這時候，若把焦點關注在「停止努力」來進行諮商或治療，就會讓問題更加惡化。

那到底是怎麼一回事呢？

「想停止努力，卻無法停止努力」的煩惱，就如第一章說過的，若是用「解決」的視角去看，就是雙重束縛。

雖然想做卻停下來時，就會出現「糟糕的自己或沒用的自己」這種恐怖感受。

因此對這類人來說，持續努力是一大利益，也就是說，這與「要持續戰勝不斷努力的人」「只要努力獲得結果，就不會被人看低」「若能持續證明努力的自己的價值，就能獲得認可」這類心態有關。

其根據就在於自我否定以及自我貶低的問題上，而為了隱藏這樣的問題，就無法停止努力。

換句話說，若有著無法努力的自己是沒用的這樣的「自我否定」，就會努力下去。

如果想要採取方法解決問題，首先應該要聚焦的不是「努力」而是「感受到

自我否定的恐懼」。

如果沒有一開始就處理這些「恐懼」的部分，像是自我否定、自我貶低，懲罰無能為力的自己的情感、自戀受傷且丟臉的恐懼，就無法從根本上進行解決。

因為若是把「停止一直努力」當成解決目標，只要一想到「要能不努力」，就很有可能會陷入憂鬱狀態。

這麼一來，愈是想要解決問題就愈會出現反效果。

我很常聽說有人會為了想改變沒用的自己而去參加自我啟發類的高價講座，雖會持續三天的高度熱情，但之後卻會比去參加講座前更沒有幹勁。

這就和先前說過的「無法停止持續努力」是一樣的現象。

也就是說，一旦搞錯了解決問題的順序，反而會像這樣讓問題惡化，不僅完全無法解決問題，反而還會導致問題反彈。

要解決問題或煩惱，處理順序最為重要。

①察覺到限制自己人生的真正問題

②肯定消極或負面的情感，接受自己

③了解在問題根源有著什麼樣的「利益」

④察覺對問題感到的恐懼與不安

⑤讓導致發生現在問題的幼年時期親子關係中未完結的情感完結

⑥處理與發生事件有連結的身體感覺與情感

⑦許可解除施加在自己身上的限制（禁止令）

⑧在自己心中培育安心、安全感

首先，不要只看問題表面，要找出在問題背後的「隱藏著的自己」，要從找出・接受這點開始。

隱藏著的自己就是自己隱隱有著的、不想接受那存在的情感與感覺。

自我否定感、無價值感、罪惡感、孤獨感、絕望感、不信任感、憤怒、悲傷、憎恨、虛榮心、羞恥心等，這些都是我們在心中最不想承認，且不想看到的感覺與情感。

其實，能改變與不能改變的人之間的差異，就是如何看待這些不想看到的東西，又或者是能否確實地認識到「這些是存在於我心中的」，並接受那些不想承認的討厭感覺？還是無法承認想要排除掉？

話雖這麼說，承認討厭的情感與感覺對任何人來說都不是件愉悅的作業。

可是這點很重要。

能肯定如實的自我的人，將會確實地發生變化。

我們經常會聽到「面對自己」這句話，其實，**察覺並接受最不想看到的「隱藏著的自己」就是「面對自己」**。

若是避開眼不去面對最不想看見的「隱藏的自己」，裝作沒看到的樣子而逃向眼前的自己，就會出現糾葛。

而這個糾葛其實正是引發大變化的契機。

經歷糾葛所出現的新選項，將會帶給你的人生自由。

就像這樣，解決問題的順序，首先要從仔細觀察自己的心開始。

為了了解自己、察覺自我，就要「語言化」

如同前一章所說過的，我們可以發現，有許多總是難以解決問題或煩惱的人都「無法用言語表示自己的情感與感覺」。

我希望，處在煩惱中的人，才更是要知道「述說自我」「將感受到的事物化為語言」的重要性。小說家以及藝術家會透過將自己所感受到的事物化為語言來昇華自己的情感。

與之相同，解決問題也適用這方法。

首先是「了解自己的感覺與情感」「察覺真正的自己」。

許多人都沒發現到自己真正的想法是什麼。但透過語言化，就能察覺並消化（昇華）自己的心情。化成語言就是解放。

只要向大腦投出「現在感覺如何？」這樣的疑問句，大腦就會啟動和搜尋引擎一樣的作用，去尋找答案。大腦**具備著一種功能，就是想要填補不知道的事，也就是填補「空白」**。

我在治療中會利用大腦的這個功能，向諮商者提問、深入探尋，以引出答案，促使諮商者察覺與獲得解放。

那麼，就試著與這個治療方式一樣，實際來對自己提問吧。

請在筆記本上寫下以下問題的答案。透過將之化為語言來做出表現，就會不斷察覺到許多事。

①你現今的煩惱與問題是什麼？

②因為①的煩惱而令你最近感到困擾的事有哪些？

③是和誰發生了什麼事？

④你感受到了什麼樣的感覺．情緒？

⑤若一直處在有這些問題的狀態下，你認為之後會變成怎樣？

⑥擁有這些問題所獲得的「利益」是什麼？

⑦若是能一直擁有這些利益，之後你認為自己會變成怎樣？

⑧若放下這些利益並做出新的選擇，你認為未來會變成怎樣？

⑨你認為該怎麼做才能以你自己為主體而非對方或周遭的人來做出改變？

一旦試著這樣自問自答，或許會湧上不安與恐懼。

可是這樣的不安與恐懼，是自己心中的「禁止令」成了「利益」，為守護自己而產生的情感。因此，放手「利益」會感到恐懼也是很理所當然的。

這種恐怖的感覺會阻礙你的人生往前走，若就這樣放著不管，你的人生將必定會滯礙難行。

因此，我們才需要「克服的勇氣」「冒險的勇氣」。

糾結為什麼重要？

許多人在解決問題時會深切感受到一件事，那就是，**只要本人沒有下定決心「要解決」，情況就不會改變**。

例如依賴父母的人有著「透過依賴而活下去」的利益。其本身無所謂好壞。如果要擺脫依賴，活出自己的人生，就必須要正視並應對感受到「不依賴就活不下去」這種恐懼的自己。

當然，想著「因為很恐怖，所以就保持緊抓不放的狀態，希望只除去痛苦」是無法解決問題的。

像這樣，連解決問題都要依靠別人的例子有很多。

若是這樣，就會更加陷入依賴模式中，**連諮商或治療本身都會連結到「加強依賴」上**。

要解決問題，最重要的是須要靠自己堅強的意志去克服糾結。

同時也必須好好地去感受「不喜歡的情感」。

所謂不喜歡的情感，指的就是不安、恐懼、憤怒、焦躁、悲傷、絕望感、孤獨感、自卑感、自我否定感、羞恥的感覺等，這些情感**都是能超越現今自我的必須存在，而不是要排除的東西**。

若有確實感受到了，就會湧現前往下一階段的能量。

- 我在之後想過上怎樣的人生呢？
- 若是緊抓利益不放，之後會變成怎樣？
- 自己因為討厭什麼而想避開感受到什麼樣的情感呢？

重要的是，要不斷不斷地問自己這些問題。

這麼一來，一定就能察覺到在你內心深處有著什麼東西在蠢動著。

某位女性總是被人利用、榨取。

她不論是在私底下還是公事上，即便是被拜託了自己不喜歡的事也無法拒絕，總是會被對方依自己的方便給利用。

為什麼會這樣呢？她本人也不清楚。

因此，我試著仔細地問了她，了解了她的情況。

那是因為**只要有人來到她面前，她就會停止自己的思考、感覺、情感，只關心、遵循對方的情感或對方說的話**。

我讓她利用話語以及椅子重現了她在當下的狀態。

她察覺到，自己只要碰到有人來到面前時，大腦就會呈現空白狀態，停止思考，麻木地想要接受對方。

對她來說，這樣的感覺是習慣又熟悉的感覺，這和在她童年時期經常會聽著母親的抱怨或泣訴並安慰她時的感覺完全一樣。

她的父母感情不睦。身為長女，她肩負起了理解、體貼、安慰母親的任務，所以比起自己的欲求與情感，經常都會以可憐的母親為優先。

即使在她長大成人後，這樣的感覺依舊存在，只要有人來到她面前，她瞬間就會消去自己的感覺與情感，並去接受對方。

也就是說，對她來說，與人之間的溝通是為了避開「若不殺死自我接受對方，就會喪失容身之處」這樣的恐懼。

因此就會打造出被人欺騙、利用的狀態。

自從她察覺到這一點後，便陷入了很嚴重的糾結狀態中。

因為那與「要消除掉自身才能救助母親，自己也能因此而暫時獲得母親的愛、獲得容身之處」這個利益扯上了關係。

這完全就是「透過消滅自我，自己才能活下去」這樣的雙重束縛狀態。

為了克服這點，**就必須克服「展現出自我就無法活下去」的恐懼**。

在這期間，她覺得「已經受夠了被人欺騙、利用的人生」，即便會有被討厭的風險，仍有著強烈的意志要活出自己的人生。

結果就是，至今以來只要有人靠近，她就會「停止情感與思考並接受對方」的情況消失了。

這就是靠著堅強的意志來克服糾結、讓人生動起來的一個例子。

首先，要改變自己，就必須要靠自己的意思來決定自己的人生。因為人生是自己自由決定的，就不會留有悔恨。

「冒險的勇氣」與「克服困難的勇氣」

若是有著許多會限制人生的禁止令，人生就會止步不前。

禁止令與利益是一個套組，所以只解除禁止令是不足以解決問題的。

但只要放下緊黏著禁止令的利益（因擁有問題而獲得的好處）就好。

那麼以下就讓我們來解說解開禁止令、放下利益的具體方方法。

首先，請回想一下你現今所擁有的問題。
那個問題限制了你什麼？此外，你覺得有什麼停止了你的腳步？
因為有那問題，所以引起了些不好的事或壞處。
但反過來說，是否也獲得或避開了什麼事呢？

例如若是「想離開母親獨立，但是若獨立了，就無法從母親那裡獲得金錢」這樣的主題，就會是如下的情況。

若離開了母親，就能獲得自由，也不會被母親抱怨什麼、指謫些什麼。

但是，若離開了母親，就會湧現對金錢的不安以及對孤獨的恐懼，所以還是忍耐為上。

我們之所以會一直持續守著「不可以離開雙親」的這個禁止令，是因為「可以避開沒錢的不安以及對孤獨的恐懼」，這個利益是與禁止令成套而緊黏著的。

要解決「想離開父母」這個煩惱而真正地採取行動時，相對地就會有所失去，所以若是解決了問題，反而會有困擾。

那麼，到底該怎麼做才能真正解決問題呢？

要解決問題，首先要做的是**「克服在自己心中對孤獨的恐懼，以及活出自我而獨立的恐懼」**。

這也就是說，是對孤獨的恐懼在妨礙自立，阻礙我們活出自己的人生。

既然這樣，真正的問題就不全在於要解決離開雙親這件事上。

比起這點，我們更要轉移視線，找出對孤獨以及獨立的恐怖到底是從哪裡生出來的，會比較能快些解決問題。

話雖這麼說，但一般人很難放手從童年時期起就獲得的利益，所以很**需要勇氣來克服這困難**。

與之相似的是，從父母那裡拿錢、窩居在家、「想工作卻也不想工作」這類人的問題。

「不想工作」是真，但「想和有在工作的人建立關係」也是真。

要解決這問題，**自己就要接受「離開父母獨立而來的恐懼」**，以及**「以自己欲求與情感為優先的恐懼與罪惡感」**。這也是需要勇氣的。

但其實，一想到放下利益之後的事，覺得恐怖的內容本身，在試著動手去做了之後，大致上都不會發生所擔心（恐懼）的事。

不僅如此，很多時候還會感到非常自由，世界也變寬廣了起來。

人生中，風險總是免不了的。

若是想避開困難與恐懼而退縮，同時踩下煞車與油門，人生是不會前進的。

重要的是，要擁有克服一切的勇氣，鬆開心靈的煞車，踩下油門前進。

只要自我否定，就無法感受到幸福

愈是認真地想要改變，就愈是改變不了，有很多人都對這樣的自己深感困擾，但對於無法改變的人來說，還有一個大問題。

那就是**「隱藏起真正的自己，無法認可」**。例如其實是軟弱的自己、悲慘的自己、無能的自己、感到羞恥的自己、狡猾的自己、以自我為中心只想到自己的自己、只想要自己贏的欲望、鬥爭心、對人不信任、一直在逃避事情的自己等。

無法改變的人，絕對無法承認像這樣任誰都有的「隱藏起來的一部分」。所以，只要不認可、不接受這部分，就無法面對根本上的變化。

因為**他們否定了自己的一部分**。

有很多人都會想著：「只有出色的那一面才是自己」，如要消除掉內心的黑色髒汙般，努力地想要成為出色的自己。

人的心理就是，愈是把強光照射在自己內在的一部分上，就愈會強烈感受到想隱藏起來的陰影部分。也就是說，愈是想成為理想的自己，與不同於理想的現實自我間，鴻溝就愈大。

這麼一來，就會更加追逐理想，過度地想讓自己看起來很好而把自己架得很高，於是理想與現實間的背離就變激烈了。

然後最終本人也會感到痛苦而拋棄一切吧。

有位女性很努力地想要成為一名好媽媽。

可是她內心認為：「育兒很麻煩，小孩很討厭。」所以一直藉口忙於工作來逃避。

她為了面子，在公婆與孩子面前都戴著「好媽媽」的面具，一直在欺騙自己。

結果，她的孩子變得不願意上學，只窩在家裡。

她很介意來自周遭的責備，想知道該怎麼讓孩子去上學而前來諮商。

諮商過程中，我在她的眼前放了一張椅子，讓她想像椅子上坐著她不去上學的孩子。

接著，我請她坐在那（想像著有孩子坐在上面的）椅子上。

她一坐到椅子上，切換成孩子的角色後，對於眼前身為母親的自己就浮現出了如下的話語：

「媽媽並不喜歡我。她比較喜歡工作。而且媽媽似乎總是很痛苦、很可憐，所以我不會靠近媽媽以免給她添麻煩。但是，我其實很想靠近媽媽，想被媽媽愛。可是，我放棄了。」

她大哭了起來。

站到孩子的視角後，她才頭一次察覺到自己的真心已經暴露在了孩子面前。孩子全都看到了真正的自己。

她下定決心要承認、接受自己的一切，包括自己是在扮演「好媽媽」這件事、其實很討厭育兒並逃跑了、不愛孩子、只想著要自保等。

之後，她變得能認真面對自己的心。

透過從正面下手處理從自己幼年時期起就有的「缺愛感」，以及「來自戀傷害的自我否定」，她的安心、安全感漸漸增加了，人也出現了改變。

結果，她與孩子間的關係產生了劇烈的變化，孩子不上學的問題也解決了。

她的現實之所以產生劇烈的變化，是因為**「接受了自己內心的黑暗面」**，而非為了自我想改變孩子。

她直視了自己心靈的黑暗面，能確實地面對、不逃跑，所以與孩子間的關係也改變了，一切都轉往了好的方向。

變化經常是從自己內在開始不斷產生的。

而因為接受了內心的黑暗面，人就會出現戲劇性的改變。

只要試著進行這練習，就能感知、察覺到各面相的自己。

正視並接受自己的行為或許會讓人感到痛苦，但若假裝沒看到而持續本來的行為，就是棄自己於不顧。

真實的自己就是接納了不想看到的、真正的自己，而非是讓別人去接受。

經過這個「接受自己」的過程，成了有黑有白的中庸自我的狀態，就是「真實的自己」的意思。

接受內心黑暗面的練習

那麼接下來就要介紹「接受內心黑暗面的練習」。按照以下的步驟，試著深思每個提問吧。

①內心中不想看到的部分都有些什麼？試著寫在紙上吧。

②請仔細觀看在①中寫出的內容，並想想有什麼感受呢？

③看著不想看的部分時，感受不是很好吧。可是，別移開目光，並試著對自己說如下的話：

「我認可並接受一切的自己，包括沒用的自己、覺得丟臉的自己、悲慘的自己、自我中心的自己、只愛自己的自己、想受人認可的自己、想贏過其他人的自己、利用他人的自己、不檢點的自己、無法做決定的自己、一直在逃避的自己、沒出息的自己。」

④試著說出前文的話語，心中湧現出了什麼樣的感受呢？當然也是有些抗拒的吧。但請好好地感受並接納那股抗拒吧（這點很重要）。

「我不想感受到這種感覺。那樣的感受很恐怖。可是我還是會感受並接納那恐懼。」

請像這樣低語，並將手放在胸口，澈底去感受。

在自己心中培育安心與安全感

那麼到這裡，我們已經說明過了接受、肯定自己內心的黑暗有多重要。

接下來要來談談在自己心中培育「安心安全」的方法。

我們自出生起，就被父母所養育，身心持續成長，而在那過程中，就會形成「依戀這個心靈上的羈絆＝安心安全」。

但是，與父母間的關係充滿「不安」或「恐懼」時，孩子就會認知到「世界很可怕，不能信賴他人」而長大成人。

相對地，若有建立起安心安全時，就會在心底形成「不論世界發生什麼事，自己都是被守護著的」這種無意識的安心感。

這麼一來，長大成人後的人際關係也會很穩定。

就像這樣，因著有沒有安心安全（心靈羈絆），人生的方向性是全然不同的。

以下來介紹某位女性的例子。

這名女性有著「無法信任他人」的問題。

在職場人際關係中，**「總感覺自己是被排除在外的被排擠者」**。我試著問了她情況後得知，在她身上，緊貼著「不可以相信人」的禁止令。

因此，一旦有人對她親切，或是有人親暱地靠近她，她就會懷疑對方，刻意做出惹人討厭的舉動。

結果，即便一開始對方與她關係很好，不知不覺間也會遠離她。這樣的情況一再重複著。

在她幼年時期，父親總是忙於工作，幾乎都不在家。雙親會在女兒面前激烈爭吵，母親會向女兒說父親壞話，父親則會無視女兒，家庭關係非常冷淡。

她從幼年起，家中就「充滿了不安、恐懼、憎惡與不信賴」。

家庭關係中若沒愛的交流，別說孩子無法從雙親那裡獲取到愛，更甚的是，雙親也無法發揮作用，成為安心安全的基礎，所以在形成心靈羈絆上，就會產生障礙。

她很努力地扮演中間人以調和雙親間不睦的感情，總是扮演笑容燦爛的好孩子，但其實她是懷抱著「不相信愛、無法信任他人，要是相信了就會受傷」這樣的恐懼心而成長的。

如此一來，**因為「無法相信他人的愛」，就能夠守護自己不受傷害**。

可是那是為了守護童年時的自己而起的作用，長大成人後就不需要了。儘管如此，長大成人後，當有真正想重視的人出現在她眼前，這個禁止令仍會發動。「愈愛就愈不能相信。既想離開，也想毀壞這一切」，這樣的衝動簡直就是來自雙親愛情關係的破壞性衝動。

這是母親本身有著「要是被愛了就會被拋棄」的恐懼，並將女兒也捲入其中，強迫女兒也共同擁有同樣的恐懼。

對於她的治療，就是讓她接受來自於雙親爭執的心理創傷，以及不信任人的內心黑暗面。最後，她從雙親的中間人角色（親子角色逆轉）退位，為活出自我而肯定自己後，一切就產生了極大的變化。

然後漸漸地，她在心中打造了安心安全的基地，透過不斷說著：

「即便我自己主動靠近愛的人、接受愛、感受到了安心安全，我也不須要去破壞它。我相信自己愛的人，也許可自己能獲得幸福。」

她內心中來自不信任感的破壞衝動就消失了。

在自己內心打造安心安全感的練習

①把一張椅子放在自己面前。

接著，讓年幼的自己坐在眼前的椅子上。

（這時候不要用大腦思考，而是瞬間想像出來）

②坐在那椅子上的是怎樣的孩子呢？

試著緊盯著、觀察著那孩子一陣子。

③他的表情如何、呈現什麼姿勢、穿什麼衣服地坐在那裡呢？

試著緩緩靠近那個孩子並和他說話。

你好，你現在感覺怎麼樣呢？

現在你想對誰做什麼事呢？

④聽他說一會兒話後，請在想像中為那個孩子做他希望做的事。

⑤那個孩子現在是什麼表情呢？

是否有想要說什麼話呢？

仔細聽清楚後，請告訴他如下的話語：

討厭的事就是討厭，即便坦率地感受自己的情感，你也不會被人討厭喔。

就算無法做到，你也可以存在於這裡喔。

即便不是好孩子，也不會失去容身之處喔。

即便做錯了、失敗了，你的價值都不會改變喔。

即便誠實地去感受自己的感受，你也可以活出自我喔。

即便提出要求，你也不會被拋棄喔。

就算不做正確的事，你也可以待在這裡喔。
就算不想著要被大家認可，你也可以活下去喔。
即便坦率地去感受自己的欲求，你也可以活下去喔。
即便不犧牲自己為了某人而活，你也可以留在這裡喔。
感受到自己的幸福並不會帶給誰不幸喔。

⑥在這些話語中，將符合的話語多說幾遍吧。

⑦然後述說以下的話語，並溫柔地擁抱眼前那年幼的自己吧。

你能出生真是太好了，要好好珍視你自己喔。
沒問題的，我就在這裡，所以放心吧。

像這樣確實與幼年時的自己連結起來，感受身處在過去與未來間現在的自己，解放過去未完結的自己。

然後將每天的察覺寫在筆記本上，又或是也可以記錄在手機中。
隨著時日的流經，就能感受到各種各樣的變化。

自我否定感很強的女性

以下要介紹某名女性的事例。

這名女性的雙親在她幼年時期離婚，之後由母親撫養。

母親不斷地交新男友，獨生女的她於是成了妨礙，所以很多時候母親都將她託付給娘家或親戚，自己跑得不知去向。

母親偶爾會突然現身，但別說給女兒愛了，還單方面地展現出激烈的情緒，不斷否定她、對她說難聽話及施暴，也就是所謂的毒母。

她好不容易才從這樣苛刻的環境中生存下來，所以對人際關係一直都懷有不信賴感，同時，她因為自我否定而過度努力，造成身體與心靈都很疲憊。

她因為有過被虐待的經驗，所以有絕望感以及強烈的自我否定感，覺得「活著很無奈」，一直給自己烙上沒用的印記。

我覺得「照這樣下去，她總有一天會走上絕路吧」，所以勸她進行治療。

我們首先要處理的**不是讓她停止努力，而是「自我否定的利益」，以及隱藏在背後的「絕望的悲傷與憎恨」**。

她對虐待自己的母親懷著憤怒與憎惡的情緒，但同時內心深處也有著「因為愛才有憎惡」的真相。

「為什麼母親不愛我呢？就算被否定了，但因為事關自己，所以還是很開心，可是我其實很想被擁抱，也很想被珍重以對。但母親完全擊潰、否定、拒絕了我的這個念頭。

然而若是感受並接受了這分絕望的悲傷，或許內心就會崩壞。所以就努力地不去感受那悲傷，並堅強地活著。我想讓母親認可我的價值。」

因為這樣的想法，她一直努力，搞得自己疲憊得無法動彈。

她其實應該把目標放在**好好接受自己感受到的極大悲傷以及絕望感，然後做出新的選擇**。

在治療中，她一點一滴釋放了幼年時期所擁有著、壓抑著的許多絕望的悲傷、憎惡與憤怒。

可是，否定自己並不斷努力可以獲得「不輸給任何人、獲得好評」的利益，所以她難以放下，好幾次都糾結不已。

最後，她本人不以自我否定為原動力地來努力，而是如實地接受了無能與能幹都是自己，並為了自己而決定努力。

結果，她不會想著要與他人比較以獲得自己的高評價、不想著要努力以獲得認可、不想著要不斷地贏，而是能自然地選擇了放鬆、活出自我的生活方式。同時她也像換了個人似的，表情變沉穩了，而今則是有了自己的家庭，幸福過生活。

就像這樣，不論是生活在多麼殘酷、苛刻的環境中，只要本人決心要讓自己幸福、自己要做出改變，就能戲劇性地改變人生。

要解除人生的禁止令，就要推翻前提

本書將以如下的順序來解說能解決問題的步驟。

①察覺自己真正的問題。
②明白與問題糾纏不清的「禁止令」與「利益」。
③正視隱藏在利益下、最想逃避的情感——「恐懼」。
④放下對利益的恐懼，仔細權衡並決定該如何選擇未來。

那麼最後要來解說解開雙重束縛的方法。

如在第一章中所解說過的，所謂的雙重束縛說的就是進不得、退不得，進退兩難、動彈不得的情況。

例如有問題是：「無法把想說的話說出口」「無法去做想做的事」。

可是，只要用「解決」的觀點來看這問題，「不論有沒有解決都很困擾」這個狀態就是雙重束縛。

若是處在這個雙重狀態下，大腦就經常會發出「雖可以去做，但別去做」這種矛盾的指令，因而造成混亂。

要解決問題，**不可以只從單方面下手，一定要解開兩者的束縛**。

為此，我將用以下項目來解說簡單的練習。

就算沒有完全做到，只要察覺到自己的雙重束縛，就是前進了一大步，所以請放心試著去做做看。

察覺自己雙重束縛的練習

①在筆記本上寫出現今想解決的煩惱或問題。

- 對目前的人生來說，成為限制或問題的主題是什麼？
- 那個問題對現今自己來說有什麼討厭之處或「壞處」嗎？
- 那個問題對現今的自己來說若有著「利益」，那是可以獲得什麼呢？又或者說可以避開什麼呢？
- 若一直擁有那利益，你的未來會變得如何？
- 放下這利益後，未來你會想怎麼做呢？

②對你來說，自己要怎麼改變才能「解決」呢？

請試著具體想像。

③察覺到自己雖然想解決問題，可是一旦解決又會覺得困擾。

照這樣下去，人生就會卡住（行不通）。

你能自由選擇自己的人生，所以，你想怎麼做呢？

④試著好好深入、感受自己的內心。

若是感受到不安或恐懼，試著去想像那看起來是什麼顏色呢？

是在身體何處感受到那樣的感覺？

試著把手放在上面，好好感受。

我很恐懼呢，還有著另一個不想前進、不想解決的自己。

即便是這樣，現在也可以恐懼喔。

就像這樣告訴自己的身體吧。

⑤ **一邊充分地與自己的內心對話，同時在下段中尋找有靈感的話語。**

如果有話語觸動了你的心，就寫在筆記本上，並試著慢慢地讀出聲，讓那些話迴響在自己腦中。

- 可以靠近人，也可以不靠近，可以自由選擇喔。
- 可以相信人，也可以不相信，可以自由選擇喔。
- 比起否定自我而努力，可以單純為了自己而努力喔。
- 可以努力，也可以不努力喔。你可以自己選擇。
- 可以不殺死自己，活出自我。就算活出自我，也不會死喔。
- 可以不用顧慮某人的心情而殺死自己，並提出自己的欲求喔。
- 就算表現出自己的欲求與情感也不會死喔。

⑥ **放下禁止令與利益，試著讓自己可以自由選擇，那麼在未來，你會想走上怎麼樣的人生呢？試著想像一下自己接下來的未來吧。**

⑦接續⑥，心中湧現出了什麼樣的感覺或情感呢？產生出了什麼樣的覺察呢？
請試著也將這些化成語言，寫在筆記本或手機上，觀察每天內心的活動。

請不要焦急，慢慢地進行這練習。
回過神來就會發現，你的內心變沉穩，自己的行動與話語自然地就改變了。
當然，也不是所有人都只要進行這練習就能解決問題。
若是心靈創傷糾結得過於複雜、恐懼過於強烈，最好是交由專業的治療師來處理會比教好。

增加人生中感受到幸福的時間

幸福的定義因人而異。

然而對一直以來處理過許多人內心問題的我來說，我認為的幸福是**「能一直擁有自由」**。

那也可以說是**能自由選擇的喜悅**或**成長的喜悅**。

人有時間與空間的限制，正因如此，在這之中如何自由思考、選擇、行動、獲得結果，能讓人在這樣重複的過程中成長。

若能自覺到，比起昨天，今天確認自己有成長一公釐，有往前進，我們的大腦就會感到喜悅。

大腦感受到喜悅這件事也會影響到身體與心靈，能維持良好的能量，還會帶給周遭良好的影響。

為此，**要好好地關注負面情感並使之昇華**。這麼一來，**感受到積極正面情感的能力也會增加**。

既非負面消極，也非正面積極，**「身處中庸」才是輕鬆的生活方式**。

治療也是以「中庸」為目標來做為解決問題的目的。

若能整合所有情感並保持處在正中央的**「中庸」狀態，就不會被外界發生的事給牽著鼻子走，就能「感受自我，活出自我」**。

這麼一來，就會知道真實的自我所渴求的生活方式，人生中感受到幸福的總時間就會變長。時間愈長，就愈幸福。

只有自己能駕馭出屬於自己的人生。

重新觀察過去、看透未來，重新活出當下的自我。

然後你就能活出更沒有限制、更自由的自我。

如果這本書能成為增加各位度過幸福時間、活出充實人生的契機，我將會無比的喜悅。

結語　答案要往自己的內心求，要主動尋求解決

過去，我在進行治療或諮商中，有很多案例在解決問題時都碰上了困難。而那些過往全都做為知識被保留下來，成為現今「復原（retrieve）心理治療」的糧食。在這本書中，我說明了這個手法的基礎，也就是面對問題的思考與解決法，告訴了大家靠自己就能做到的簡單練習。

重點在於：「要以自己為主體去解決」與「向自己內心尋求答案」。請特別留意這兩點，並以每天都有所成長為目標。

我在寫這本書的現在，世界上正發生著前所未有的事態。許多人都陷入了不安，內心感到疲憊，在這時候，我惦念著要寫出一本書，讓大家多少察覺到自己內心的狀態，放鬆人生的煞車，並能踩下油門。

人愈是在不安的時候愈會想東想西，會不斷地任由不安膨脹。正是在這時候，才希望大家問問自己：「這是我心中所起的什麼反應呢？」

若是能在自己心中找出答案，自然就能盡快解決問題。

人若經常對自己「提問」、靠自己思考、持續進行選擇、不斷做出行動，道路就會展開。期望大家能以這本書為契機，走上更美好的人生。

最後，趁著這本書的出版，我要同時向大和出版的時先生表達感謝之意，以及對不論颳風下雨都雷打不動地為我加油、支持我的 Kinori 公司、我愛的朋友們、工作團隊、心理治療師的伙伴們、復原心理治療協會會員的各位，致上深深的感謝。非常謝謝你們。

大鶴和江

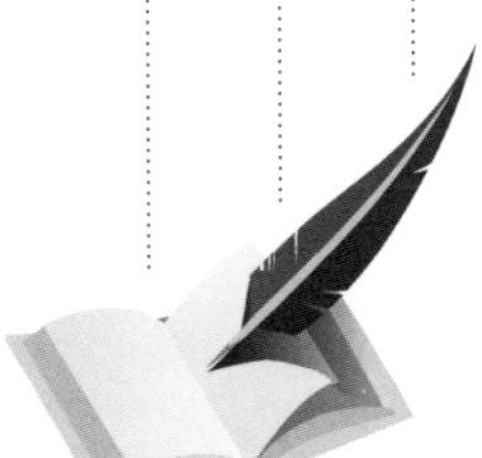

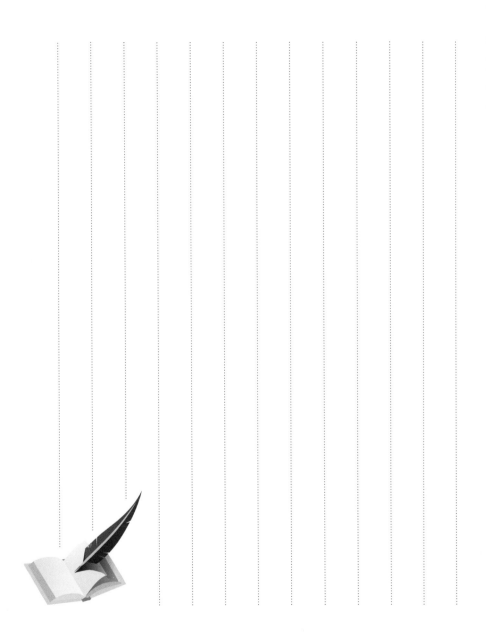

Note

國家圖書館出版品預行編目(CIP)資料

解除束縛你的「禁止令」：找出藏在傷害裡的「好處」,修復千瘡百孔的心/大鶴和江作；楊鈺儀譯. -- 初版. -- 新北市：世茂出版有限公司, 2024.05
面； 公分. -- (心靈叢書 ; 25)
ISBN 978-626-7446-06-5(平裝)

1.CST: 心理衛生 2.CST: 精神醫學

172.9　　113003251

心靈叢書25

解除束縛你的「禁止令」：找出藏在傷害裡的「好處」，修復千瘡百孔的心

作　　者／大鶴和江
譯　　者／楊鈺儀
總　　編／簡玉芬
編　　輯／陳怡君
封面製作／林芷伊
出 版 者／世茂出版有限公司
地　　址／(231)新北市新店區民生路19號5樓
電　　話／(02)2218-3277
傳　　真／(02)2218-3239（訂書專線）　單次郵購總金額未滿500元（含），請加80元掛號費
劃撥帳號／19911841
戶　　名／世茂出版有限公司
世茂網站／www.coolbooks.com.tw
排版製版／辰皓國際出版製作有限公司
印　　刷／傳興彩色印刷有限公司
初版一刷／2024年5月

ＩＳＢＮ／978-626-7446-06-5
EＩＳＢＮ／9786267446041 (PDF) 9786267446034 (EPUB)
定　　價／320元